# CHAKRAT
# SELVÄNÄKÖISESTI

# MARJUT MOISALA

## CHAKRAT SELVÄNÄKÖISESTI

© 2025 Marjut Moisala

Kustantaja: BoD · Books on Demand,
Mannerheimintie 12 B, 00100 Helsinki,
bod@bod.fi

Kirjapaino: Libri Plureos GmbH,
Friedensallee 273, 22763 Hampuri, Saksa

ISBN: 978-952-80-9591-0

# Sisällys

Vain sydämestäsi käsin
voit koskettaa taivasta.

Rumi

# SINÄ OLET KAUNIS

Sinä olet kaunis ja säteilevä olemus. Sateenkaaren seitsemän väriä, sädettä sekä muutama lisäsävy aurassasi kertoo kaiken, mitä kertoa voi. Kuten eräs selvänäköinen ystävä kerran lausui; Aurassa on enemmän tietoa kuin internetissä ja se on paljon se!

Itse aloitin chakrojen ja ihmisen aurakentän tutkimukset ja kauan sitten toisessa elämässä, mutta nyt nykyisessäkin "näytelmässä" olen ehtinyt jo tarkastella yli 6000 kertaa chakrajärjestelmää ja energiakehoa, joista aura koostuu.

Aloitin hamassa nuoruudessani reikihoitajana ja kun tein ensimmäisiä hoitoja huomasin; "Ahaa... Minä muistan!" Muistan, miten olen joskus aiemmassa elämässä oppinut sukeltamaan chakrajärjestelmässä, tutkimaan sitä ja havainnoimaan tukokset ja positiiviset puolet siitä. En oppinut sitä siis tässä elämässä, vaan löysin muinoin jo Atlantiksen temppelissä opitun taidon. Sitä olen sitten ahkerasti harjoittanut viime vuosina, selvänäkijän ja hoitajan työssäni. Tuosta aiemmin harjoittamastani taidosta ja elämästä kerron kirjassa Atlantiksen perintö.

Kuulen paljon erikoisia käsityksiä henkisyydestä ja chakroistakin ja siksi ajattelin jakaa kanssasi tämän yli 30 -vuotisen kokemukseni energiakeskusten sel-

8

vänäköisestä katselusta. Tämä ei ole perinteinen chakrakirja, sillä sellaisia löydät paljon kirjastosta ja New age –kirjakaupoista. Tässä kirjassa kerron omakohtaisia näkemyksiäni ja esimerkkejä vuosien varrelta. Kertomani esimerkit ovat edustavat useampaa "tapausta". Toivon mukaan saat apua omaan henkiseen kasvuusi ja kenties myös kaadamme yhdessä muutaman vanhan uskomusmuurin, joita henkisen kasvun genre pitää sisällään.

Oma kohtani henkisellä tiellä on tällä hetkellä hyvin ei-kaksinainen eli ei-dualistinen. Siksi tässäkin teoksessa tuon esille ihmisen olemuksen ja sen äärettömät mahdollisuudet mahdollisimman laajasti ja kattavasti. Kohotamme Mayan huntua, eli harhan huntua ja astumme Todellisuuteen ja totuuteen siitä kuka TODELLA olet.

Mitä on olla ihminen? Onko sielua olemassa? Onko olemassa Todellisuudessa henkilöä, joka syntyy tiettyyn jana-ajan hetkeen ja kuolee pois tietyssä toisessa hetkessä? Oletko sinä itseasiassa lainkaan olento tai ihminen, vai oletko ikuinen Henki? Ja kun sinä sitä olet, niin mitä Se sitten tarkoittaa?

Olet ehkä jo oppinut, että meillä ihmisillä henkisellä polulla on kaksi näkemystä elämästä. Toinen niistä on suhteellinen eli maailmaan ja sen kehittymiseen liittyvä näkemys ja siihen chakrojen puhdistaminen, niiden aktivoiminen ja tietoisuuden tasojen kohoaminen liittyy. Toinen näkemys elämästä on absoluuttinen eli se, että Sinä Olet Henki, eikä mikään suhteellinen eli ilmiömaailmaan liittyvä ole todella totta. Aika ja paikka liittyvät suhteelliseen kokemukseesi elämästä, mutta eivät absoluuttiseen eli Ykseytenä olemiseen yhdessä "kaiken" ja Jumalan kanssa. Siten chakrasi muodostavat portaat, eli tikapuut taivaaseen, eli ehdottomaan ykseyteen ja näitä portaita hyvin pitkään me jokainen luotu kuljemme suhteelliseen, ajallisen ja paikallisen ja alati muuttuvan maailmankokemuksen kautta.

Sitten KUN sinä valaistut eli Jumal-oivallat, ei käyttövälineitä enää tarvita. Sinulla on ainakin seitsemän erilaista kehoa, eli käyttövälinettä kotiin paluun polulla. Palaat kotiin, eli henkeen, josta et itse asiassa koskaan ole poistunut, mutta luulet kyllä poistuneesi.

Korkein kehosi on nirvaaninen keho, jonka avulla koet korkeita oivalluksen tiloja. Mutta kun menemme sinne aivan YTIMEEN sinussa ja kaikessa, niin et ole mikään keho, vaan Oleminen, tiedostaminen, joka sisältää kyllä kaiken ja voi käyttää näitä käyttövälineitään, mutta samaistumatta niihin.

Muistathan, kaikki millä on alku ja loppu, kuuluu ilmiömaailmaan ja on siten loppujen lopuksi harhaa.

Sinulla henkenä ei ole alkua taikka loppua. Olet Ikuinen ja muuttumaton, oma itsesi. Aina tässä ja nyt.

Mennyt ja tuleva ovat unen näkemistä mielessäsi. Ajan ja paikan harha ei kuitenkaan voi sinua estää oivaltamasta Itseäsi, ellet anna niin tapahtua. Sinun on valinta ja kuten minulle rakas teos Ihmeiden Oppikurssi lausuu; Pelastus tulee Yhdeltä Itseltäsi. Tämä tarkoittaa sitä Todellista Itseä, joka on kaikki ja jossa kaikki On ja jossa olet yhdessä ja yhtä korkeimman kanssa. Se tila ei egoa tunne, eikä siitä perusta.

Se me, sinä ja minä yhdessä Olemme.

# CHAKRAT LYHYESTI

## *Juurichakra – Muladhara*

 Sijainti häntäluun alueella, väri punainen tai maan värit. Maaelementti. Yhteys Äitimaahan ja juuriin. Tämä chakra vaikuttaa turvallisuuden, vakauden ja selviytymiskyvyn tunteisiin. Kun juurichakra on tasapainossa, ihmisellä on vahva perusturvallisuus ja myös henkisyyden ja korkeiden tietoisuudentilojen käsittely sujuu ilman vääränlaista "leijailemista pilvissä."

Juurichakran häiriöt juontavat monesti lapsuudesta ja vaikuttavat luoden turvattomuutta, ylenmääräistä varmistelua ja tulevaisuuden miettimistä tai asioiden kontrolloimista. Siten sisäinen lapsi liittyy voimakkaasti tähän keskukseen.

Chakra liittyy hormonaalisesti itsesäilytykseen eli taistele tai pakene -viettiin ja adrenaliinin eritykseen ja elin on lisämunuaiset. Sen aisti on haju. Keho on fyysinen keho. Peruschakran pari on Kruunukeskus, joka sijaitsee päälaella.

Mantra on LAM. Tasapainottava kivi: Jaspis, Lumihiutale Akaatti, Raakarubiini.

## *Sakraalichakra –Svadhistana*

 Sijanti navan tienoilla, hieman sen alapuolella. Väri oranssi. Vesielementti. Tämä chakra vaikuttaa seksuaalisuuteen, luovuuteen ja tunteisiin ja myös kundaliinienergia asustaa tällä alueella (Kandan alue). Kun sakaraalichakra toimii hyvin, ihminen tuntee itsensä luovaksi ja elämä tuntuu virtaavan helposti ja liikoja ponnistelematta. Häiriöt luovat tilan, jossa ollaan kuin seisovassa vedessä ja odotetaan, että "jotakin pitäisi tapahtua..."

Tämä keskus liittyy hormonaalisesti nais- ja mieshormonin tuotantoon eli lajinsäilytykseen. Chakra elimet kehossa ovat munasarjat, kivekset ja hormonit estrogeeni ja progesteroni. Aisti on makuaisti. Keho on fyysisen kehon kaksoiskappale eetterikeho.

Sakraalichakran pari on otsachakra eli kolmas silmä.

Mantra on HAM.

Tasapainottava kivi: Karneoli, Kuukivi.

## Solar plexus chakra –Manipura

 Sijainti palleassa. Väri keltainen ja elementti tuli. Tämä chakra vaikuttaa itsetuntoon, itseluottamukseen ja on toinen emotionaalisten tunteiden keskus, eli samalla myös egon mieluisin ilmenemisen keskus. Kun solar plexus - chakra on tasapainossa, ihminen tuntee olevansa itsevarma ja luottavansa elämään. Ylikorostunut itseluottamus taas johtaa egoistiseen tapaan nähdä ja kokea ympäristö, eli vaikkapa liikaan kilpailuhenkisyyteen tai haluun kontrolloida toisia. Solar on ainakin suomalaisilla chakrajärjestelmän "heikoin lenkki" osin kiltin tytön tai pojan kasvatusihanteiden vuoksi.

Tämän keskuksen elin on haima ja hormoni insuliini. Aisti on näkö. Keho on astraalikeho eli tunnekeho, joka sisältää usein myös ns. hopealangan, jonka avulla energiakehot ovat kiinni fyysisessä kehossa. Joskus hopealanka löytyy jostain muusta energiakehosta.

Solar chakran pari on kurkkuchakra.

Mantra on RAM.

Tasapainottava kivi: Sitriini, jalokivistä Topaasi.

## Sydänchakra – Anahata

 Sijainti keskellä rintaa. Väri vihreä tai vaaleanpunainen. Elementti ilma. Tämä chakra vaikuttaa rakkauteen, myötäelämisen kykyyn ja anteliaisuuteen. Kun sydänchakra on tasapainossa, ihminen pystyy antamaan ja vastaanottamaan tasapainoisesti, eli sydän on kaksisuuntainen tie. Tärkeintä on osata olla armollinen itselleen. Siitä armo ja anteeksianto leviävät myös muille. Sydänkeskus on pariton chakra eli yhdistää "ylisen maailman" kolme ja "alisen maailman" kolme keskusta seitsemän chakran järjestelmässä.

Elin on kateenkorva, johon liittyy lymfosyyttien tuotanto. Aisti on tuntoaisti. Sanotaankin, että kädet (kosketus) ovat osa sydänchakraa. Tämän chakran keho on mentaalikeho ja osin astraalisen kehon korkeammat toiminnot ja värähtelyt.

Sydänkeskuksen mantra on YAM.

Tasapainottava kivi: Aventuriini, Ruusukvartsi.

## Kurkkuchakra – Vishuddha

 Sijainti kurkussa, kurkunpään vieressä. Väri sinisen sävyt, usein orvokin sininen ja osin kullan sävyjä. Tämä chakra vaikuttaa kommunikointiin, ilmaisuun ja oma totuus asuu kurkussa. Kun kurkkuchakra on tasapainossa, ihminen pystyy ilmaisemaan itseään selkeästi ja jos taas chakrassa on ongelmaa, voi olla palan tunne kurkussa usein ja vaikeus ilmaista ja myös tietää mitä tahtoo ilmaista ja onko oma totuus yhtä tärkeä, kuin toisten totuus.

Tämän keskuksen hormonaalinen merkitys on kilpirauhashormonin eli tyroksiinin tuottaminen ja tasapaino. Elin on siis kilpirauhanen. Aisti on kuulo, myös selväkuuloisuus.

Tämän keskuksen keho on mentaalikeho ja varsinkin ns. kausaalikeho, jota kutsutaan myös kollektiiviseksi mieleksi.

Chakran pari on Solarchakra.

Mantra on HUM.

Tasapainottava kivi: Sinisafiiri, Lapis Lazuli.

## Kolmannen silmän chakra, eli otsakeskus – Ajna

 Sijanti otsan keskellä. Väri indigon sävyt. Tämä chakra vaikuttaa intuition, näkemyksen ja henkisen tietoisuuden kykyihin. Kun tämä keskus toimii, on intuitio vahva ja selvänäköisyyskin voi jo toimia. Ainakin ihmistuntemus toimii hyvin eli ns. "psykologinen silmä", jota kutsutaan myös naisen vaistoksi. Useilla miehilläkin on sellainen.

Elin on aivolisäke pään sisällä ja se tuottaa kasvuhormonia, joka valvoo koko järjestelmää. Otsakeskuksen keho on buddhinen keho, joka liittyy itseoivallukseen.

Otsachakran pari on sakraalichakra.

Mantra on OM.

Tasapainottava kivi: Spektroliitti, Fluoriitti, Safiiri.

## Kruunuchakra –Sahasrara, ns. tuhatlehtinen lootus.

 Sijainti Pään päällä. Värit violetti, valkoinen. Tämä chakra vaikuttaa henkisiin yhteyksiin ja henkiseen kasvuun. Kun kruunuchakra on avoin, ihmisellä on yhteys omaan Korkeampaan Itseensä ja sen myötä henkimaailmaan ja opastajiin. Samoin yhteys pään yläpuolisiin chakroihin toimii jo.

Elin käpyrauhanen, hormoni melatoniini, joka liittyy myös nukahtamiseen. Aisti selvätietäminen. Kruunuchakran keho on nirvaaninen ja liittyy Jumaloivallukseen eli korkeaan valaistumisen tilaan.

Kruunuchakran pari on peruschakra eli juurikeskus.

Mantra on AUM.

Tasapainottava kivi: Ametisti, Vuorikide.

Vuorikiteellä voit puhdistaa myös jokaista chakraa ja nadeja eli energiakanavia tehokkaasti. Myös erilaiset tuoksut, jalokaasut sekä musiikin lajit tasapainottavat ja hoitavat.

Tämä on seitsemän chakran järjestelmän tiivis kuvaus. Chakroja on tosiasiassa paljon enemmän, jopa tuhansia, mutta siitä lisää tuonnempana, kuten myös ajatuksista, joita joskus tai useinkin kuulen, kuten "Seitsemän chakran järjestelmä on vanhentunut ja siirtynyt pois käytöstä ja uusi 12-13 chakran järjestelmä on korvannut sen...". Ehkä muutosta on tapahtunut, mutta ellei 7 chakraamme ole ENSIN tasapainossa, on turha haikailla ylempien chakrojen pariin. Eli juuresta on meidän kiivettävä Elämän Puuhun, joksi myös selkärangan kanavalle asettuvia chakrojamme kutsutaan.

Elämän puu silloin, kun tiedostamme Itsemme, tai hyvän ja pahan tiedon puu silloin, kun olemme laskevalla kaarella tietoisuudessa eli dualismin vankeja.

Huomasit varmaan jo, että chakrat ovat fyysisen kehon osalta umpieritysjärjestelmä. Energeettisesti ne ovat moniulotteinen kokonaisuus ja energiapyöriä, joita nadit yhdistävät toisiinsa. Chakroilla on kullekin ominainen pyörimissuunta ja ne avautuvat kehon eteen- ja taaksepäin tai näin ainakin kuuluisi olla.

Nadeiksi kutsutaan siis energiakanavia, jotka yhdistävät chakrat toisiinsa. Nadeja on tuhansia. Jos katson sinua selvänäköisesti, olet yhtä suurta energian virtaa, joka liikkuu nadiverkostossa. Ykseyden nadi sijaitsee selkärangan keskikanavassa ja on nimeltään

Sushumna. Sen molemmin puolin kulkevat päänadit eli kanavat ovat Ida ja Pingala. Ne edustavat meissä kaikissa olevia yin- ja yang -energioita eli naista ja miestä, aktiivisuutta ja lepoa eli passiivisuutta. Kaikkien kaksinaisten energioiden on oltava loppujen lopuksi tasapainossa olemuksessamme, jotta energia keskikanavassa pääsee nousemaan ja tuomaan oivalluksen ja valon.

Ida on kuunadi ja väriltään valkoinen ja sijaitsee kehon vasemmalla puolen. Pingala on aurinkonadi ja nähdään punaisena. Se sijaitsee oikealla puolen keskikanavaa. Nämä kanavat yhdistyvät otsakeskuksen tasolla. Vuorosierainhengitys on yksi hyvä keino tasapainottaa näitä energioita toisiinsa nähden meditaatiossa.

Myös kiviterapialla on arvonsa energiakeskusten tasapainottamisessa, vaikka todellinen työ tehdäänkin mielen ja tunteiden tasolla. Seuraavassa luvussa hieman tietoa kiteiden parantavasta voimasta.

# HUOMIOITA KIVITERAPIASTA

Hoitajan taipaleen alussa tein paljon hoitoja myös kiteet eli chakroja tasapainottavat kivet apunani. Tuolloin muistissani oli jo voimakkaasti Atlantiksen aikaiset kivitemppelin opit.

Ihan kivitemppelillisen verran kiteitä en raskinut hankkia, mutta minulla oli jokaiselle chakralle jonkin oma sitä tasapainottava kivi tai useampikin. Lisäksi käytin vuorikiteitä, sekä nadien avaamiseen, että siten, että hoidettava piti käsissään kristalleja tai savukvartsia tai muuta kidettä, jonka valitsin intuitiivisesti.

Tuohon aikaan minulla oli poliiseja työkavereina ja muistan kuinka he vitsailivat hyväntahtoisesti, että kiviterapia tarkoittaa varmaankin asiakkaan vyöryttelemistä sepelikössä. No, sitä en ole vielä kokeillut, vaikkakin se saattaisi toki olla hyvin maadoittava kokemus kenelle vaan.

Kiteet ja varsinkin vuorikiteet ovat säilyneet mukana hoidoissa koko matkani ajan. Jossain vaiheessa sain ajatuksen chakravuoteen tekemisestä ja onneksi puolisoni sellaisen osasi rakentaa niin minun käyttööni, kuin joillekin muillekin hoitoloille Suomessa. Lisäksi pyramidivoimaan olen aina kokenut niin sanottua lukkarin rakkautta ja joitakin vuosia käytössä oli kuparipyramidi, jonka koen varsinkin aktivoivan pyhää geometriaa ihmisessä, eli sitä Merkaba valokehon voimaa.

Sittemmin mielessä alkoi kajastella sellainen jännä asia, kuin Kristallipyramidi ja tätä ajatusta me pitkään mutustelimme kotijoukoissa. Sitten keksimme, miten sen voisi nykyaikaisin menetelmin toteuttaa. Tällaisen hoitolaitteen sitten rakensimme muutama vuosi sitten kasvihuonemateriaaleja hyväksi käyttäen. Pyramidin seiniin tilattiin noin 100 kg Himalajan kristalleja ja rakennusprojekti oli melko hermoja kiristävä, mutta lopussahan se kiitos sitten seisoi tässäkin asiassa.

Kristallipyramidi on hoitanut nyt monia asiakkaita ja siinä lepääminen tuntuu lataavalta ja voimaannuttavalta. Pyramidissa käytän tukena myös nk. Faaraon sauvoja, jotka on rakentanut ufotutkija Valeri Uvarov. Nämä sauvat jäljittelevät monista muinaisen Egyptin seinämaalauksista tuttuja sauvoja. Alunperin materiaalit lienevät olleen kultaa ja hopeaa. Meidän hieman edukkaammat versiomme ovat alumiinia ja kuparia, mutta vaikutus niilläkin on voimallinen, varsinkin aivopuoliskojen (ja ida ja pingala kanavien) tasapainottamisessa.

Kiteillä voi siis tasapainottaa ja vahvistaa chakroja ja aurakenttää ja tuossa aiemmassa luvussa kutakin chakraa parhaiten tasapainottavat kiteet onkin mainittu.

Kuitenkin, Sinä olet tässäkin mestari ja paras asiantuntija omalta kohdaltasi. Ota kivi käteen tai aseta se otsakeskuksellesi ja anna sen kertoa mihin sitä on parasta käyttää tai mille keskukselle asettaa. Jotkut kiteet auttavat myös olemaan tietoinen unessa (esim. Raakarubiini), mutta suosittelen kuuntelemaan intuition kuiskauksia mieluummin kuin lukemaan "horoskooppikivistä" kertovia suosituksia. Kaikki on tietoista ja kiteillä on suurta viisautta, kun vain kuuntelet ja kuulet.

Henkiseltä kannalta chakrat ovat tikapuut taivaaseen, kuten jo aiemmin totesin. Lähdetäänpä kipuamaan näitä tikkaita ja tähyämään avautuvia maisemia.

# ELÄMÄNPUUN JUURI
## -PERUSCHAKRA

Peruschakrassa sijaitsevat juuremme. Kuten puu ei pysy pystyssä tuulilla eikä kasva ilman juuriaan, emme me ihmisetkään tule toimeen maallisina olentoina ilman vahvoja juuria ja yhteyttä Äitiimme Maahan.

Chakroissa näkyy eräs tärkeä osa ihmisyyttämme. Tuo osa on sisäinen lapsemme, jonka hyvinvointi tai pahoinvointi on näkyvissä energiakeskuksissa todella selkeästi. Mitä jos lapsi meissä on juureton eli turvaton, eikä pysty luottamaan elämään?

Huono maayhteys voi olla seurausta lapsuudenajan vaikeista kokemuksista, tässä elämässä tai jossain toisessa ajassa ja paikassa, eli inkarnaatiossa koetusta. Jos esimerkiksi henkilö on kokenut voimakkaasti traumaattisen lapsuuden nykyelämässään, on hyvä huomata, että itse tapahtumat ovat vain osa asiaa. Se miten tulkitsemme kokemamme saa aikaan trauman tai sen, ettei sellaista synny.

Tulkinta on aina jokaisella omanlaisensa. Ei ole mitään automaattista tapaa saada tai olla saamatta traumoja ja sen kautta heikkoa maayhteyttä, mutta toki tietyt tapahtumat saavat useimmilla aikaan samankaltaisen reaktion.

24

Jos trauma on syntynyt, vaikuttaa se voimakkaasti elämään niin kauan, kuin asia on käsitelty pois. Käsittely ei tarkoita, että ajattelet ja analysoit kokemustasi, vaan tunteet tunnetaan kehon kautta. Tunteita ei ajatella, vaikka erittäin suuri osa ainakin minun tapaamistani ihmisistä luulee niin. Analyysi voi myös pahentaa tilannetta. Kuten monet viisaat henkiset mestarit sanovat: Ei ole tarpeen tonkia ja eritellä roskapussin sisältöä, riittää että heittää sen menemään. Tietenkin paranemisprosessille on monesti tarpeen nimenomaan lakata torjumasta vaikeita tunteita ja ajatuksia ja ottaa se kaikki vastaan.

Tähän voi ALUSSA liittyä analysointia ja kokemusten ymmärtäminen laajemmin, esimerkiksi mitä ne ovat opettaneet. Mutta toistuva asioiden kertaaminen mielessä on todella vahingollista. Kun asia on ymmärretty, siitä on syytä luopua ja tuntea tunteet, joita asia herättää, mutta aina uudelleen ja uudelleen trauman esille ottaminen on kovin huono tie vapaaksi siitä.

Kehotyöskentely kuten TRE eli "tärinäterapia" tai pehmeä Rosen-terapia ovat ehkä parhaita keinoja vapautua tunnetaakasta, mutta tämä on hyvin yksilöllistä. Myös esimerkiksi tanssi, jooga, meditaatio, hengitysharjoitukset tai eri terapiat toimivat varsinkin niiden päämäärän takia. Ihmismieli ottaa vastaan parannuksen kun on siihen valmis, olipa keino miltei mikä tahansa ja toisinpäin; jos et tahdo parantua, ei mikään tai kukaan voi sinua siihen pakottaa. Valinta on tässä kohti vapaa.

Sisäisen lapsen kanssa voi käydä keskustelua, piirtää, maalata tai tehdä mielikuvamatkoja lapsen luo. Pääasia lienee kuitenkin oivaltaa, ettei kukaan muu kuin sinä itse ole tässä hetkessä vastuussa sisäsäisen lapsen hyvinvoinnista. Sinä aikuisena voit rakastaa sisäisen lapsesi terveeksi.

Kun katson asiakkaitteni peruschakraa, on turvallisuus tai sen puute ensisijainen asia, mistä lähdemme liikkeelle. Jos perusturvallisuudessa on heikkoutta se vaikuttaa elämään mm. siten, ettei uskalla lähteä huonosta suhteesta, huonosta työpaikasta tai on muutoin liian varovainen tai pelkäävä elämän suhteen. Eli Luottamus elämän kantavaan voimaan puuttuu. Peruschakraa voi vahvistaa tietenkin monin keinoin. Esimerkiksi metsäkävelyt, maadoittava tanssi ja rummuttelu ovat hyviä keinoja juurten palauttamiseen. Itse koen parhaimpana tietoisen yhteyden Äitimaahan, juurien pyytämisen tai rakkauden ja kiitollisuuden lähettämisen Maahan, jolloin Pyhä Äiti vastaa aina tuomalla turvan ja juuret.

Peruschakran käyttöväline on tietenkin fyysinen keho, mutta sen kaksoiskappale eetterikeho, joka on sakraalichakran energeettinen käyttöväline, kertoo paljon fyysisen kehon ja sen elinten terveydestä tai sairaudesta. Siksi tehdessäni chakrojen kartoitusta, katson fyysisen kehon ja eetterikehon yhdistelmän kautta mitä keholle ja sen elimille sekä umpieritykselle kuuluu.

Vahva maayhteys ilmenee elämässä rohkeutena kulkea omaa polkua ja tehdä itse päätöksensä elämässä. Myös fyysisen kehon hyvä terveys on monesti seurasta vahvasta juuristosta elämänpuussamme.

Ihmiset kysyvät monesti pitääkö chakroja tasapainottaa väreillä, kivien energioilla tai mantroilla jne... Ja vastaan, että niistä eri keinosta on varmasti jonkin verran apua. Olen kuitenkin havainnut, että ainut PYSYVÄ apu on ajatusmallien muuttaminen, sillä se mitä ajattelet, on pian todellisuutta kehossa ja maailmassasi. Ajatus on aina ensin, sitä seuraa tunnereaktio ja jos emootioita on paljon ja koet, että olet itse ne, alkavat nämä pinttyneet tunteet tuoda vaikkapa haasteita ruuansulatukselle. Tai ne voivat ilmetä astmana, muunlaisinakin hengitystieoireina ja tietenkin erilaisina ihmissuhdepulmina, jotka toistuvat yhä uudelleen. Kunnes syntyy oivallus ja vapautuminen. Kuka sitten on vapauttaja? Tietenkin sinä itse.

Kun elämänpuusi juuri on kunnossa, voi latvakin kohottautua korkealle. Tämän keskuksen pari on kruunu eli yhteys taivaisiin. Jos juuret eivät ole maassa, mutta latva heiluu tuulessa, on vaikea tuoda henkisiä totuuksia arjen tasolle. Henkisyys vie, mutta ihminen leijuu taikamatollaan maanpinnan yläpuolella ja silloin voi olla, että henkisyydestä on enemmän haittaa kuin hyötyä. Henkisyys ei ole pakoa arjesta, vaan arjen kokeminen Todellisuudesta käsin, tietoisesti ja hereillä ollen.

Monesti hyvin materialistisilla ihmisillä on liiankin voimakas peruschakra, joka estää ehkä hienompien energioiden ja maailmoiden aistimista. Jos raha ratkaisee kaikessa, on hyvä pysähtyä kuuntelemaan sisälle päin. Raha on energiaa ja kun peruskeskus on kunnossa, sitä kyllä riittää tarpeellisessa määrin ilman, että siihen tarvitsee takertua tai siitä huolestua. Ruskean värin kaipuu on monesti rahan ja sen kautta tulevan turvallisuuden tunteen kaipuuta. Jos taas ruskea kuuluu inhokkiväreihisi, on hyvä kuulostella, onko suhde materiaan liiankin kevyttä tai torjuvaa tai onko mielen kätköihin piilotettu vaikkapa ammoisina aikoina tehty köyhyyslupaus, jolle ei enää tässä ajassa ole käyttöä.

Peruschakrassamme asuu itsesäilytysvietti, joka on toinen vihkimystietä vartioivista sfinkseistä, myös Tarot-tietoudessa. (Esimerkiksi Elisabeth Haichin Tarot Suuri Arkana).

Toinen sfinksi edustaa lajinsäilytysviettiä, ja siitä kerron seuraavan keskuksen kohdalla. Henkisellä polulla ihmisen on opittava valjastamaan nämä kaksi suurta elämänvoimaa palvelijakseen siten, että ihminen itse hallitsee niitä, eivätkä tempoilevat voimat vie minne mielivät. Itsesäilytyksessä käsitellään myös suhde ruokaan ja ns. pakene taistele -vietin vaikutus omassa olemuksessa, vaikkapa aggressiivisuuden suhteen.

Mestari Marpa, kuuluisa tiibetiläinen joogi ja kielenkääntäjä oli luonteeltaan hyvin helposti hermostuva ja suuttuva lapsesta lähtien. Hänen vanhempiensa kerrotaan todenneen, että lapsi tuottaa suurta surua luonteellaan itselleen ja muille, ellei piirrettä suitsita. Niinpä Marpa lähetettiin meditaatio-oppiin. Hän oppi hallitsemaan kiivaan luonteensa ja samalla hän oppi paljon muutakin, kuten tulemaan eläväksi Buddhaksi omana aikanaan.

Luonne on kohtalomme, mutta ei siinä kaikki. Luonnettamme voimme myöskin muuttaa. Emme ole minkään asian tai ns. kohtalon orjia elämässämme vaan luojia. Luokaamme siis elämä, josta voimme olla ylpeitä!

## SAKRAALICHAKRAN LUOVUUDEN LÄHTEELLÄ

Todella usein minulta kysytään chakrojen kartoituksen alussa, miksi elämä ei tunnu virtaavalta, vaan paremminkin kuin suvannossa kellumiselta. Ihminen on ehkä pitkäänkin odottanut jotakin alkavaksi tai tulevaksi. Hän ihmettelee, miksi mitään ei tapahdu. Tällöin kerron, että ei ole syytä odottaa "jotakin tapahtuvaksi" siten, että sysäys tulee ulkopuolelta. Maailmankaikkeus odottaa, että Sinä Itse teet aloitteen, otat ensimmäisen askeleen, päätät mitä tahdot. Kun tämä tapahtuu, alkaa vesi virrata. Luovuuden virta käynnistyy napachakran tasolta ja lähtee viemään eteenpäin. Uudistuminen on tällöin varmaa, kaikilla osa-alueilla elämässä, jolla antaudumme virran vietäväksi.

Virtaus meissä on vesielementti. Veden KUULUU virrata vapaasti. Jos alamme epäilyksillä ja huolilla kasata esteitä virtauksen tielle kuten majavat patoa rakentaessaan kasaavat risuja virtaan, ei pidä ihmetellä, kun pian iskee outo olotila, jossa mitään ei tunnu tapahtuvan, on vain odottamista odottamasta päästyämme.

Ehdotankin monesti luonani käymään tulleelle, että hän vaikkapa huijaisi luovuutta eli vesielementtiä virtaamaan tekemällä jotakin luovaa. Piirtäminen,

30

soittaminen, tanssiminen, sisustus eli kauneuden luominen ympärilleen ovat tehokkaita tapoja saada elämänvirta taas uomiinsa...Miksi näin? Koska kun luomme, nautimme siitä, mitä tapahtuu ja yleensä tekijä-minuus, eli ego pelkoineen, katoaa luomisen virtaan. Luominen on leikkimistä. Sisäinen lapsi rakastaa luoda ja leikkiä! Mutta aikuinen rationaalinen osamme pelkääjän paikalta huutelee ja toppuuttelee, että on oltava varovainen..jotakin pahaa voipi sattua ja itku pitkästä ilosta...?

Napachakra eli sakraalichakra on myös Chi'n tai Ki'n keskus ihmisessä. Elämänvoima, seksuaalivoima, luovuus... Ne ovat kaikki eri nimiä samalle energialle. Ja yhteistä kaikille näille nimityksille on, että tuon energian on saatava liikkua. Yleensäkään seisova pysähtynyt tila aurassa ei ole hyvä merkki minkään chakran kohdalla ja pitkään jatkuessaan se saa aikaa ongelmia eli sairautta jossain muodossa, jossain kehossamme, mukaan lukien siis hienompienergiset kehot.

Olet kenties kuullut kundaliinista? Se on monelle kirosana. Pelko on pesiytynyt tähän termiin ja asiaan, sillä kundaliinista kerrotaan paljon erilaisia tarinoita, etenkin sen liian varhaisesta herättämisestä. Seurauksena varhaisesta herättämisestä tämä kerältään heräävä käärme nousee kenties liian suurella voimalla ylös chakraporras kerrallaan. Tällöin se voi aiheuttaa voimakkaita kokemuksia ja kenties lopulta mielenterveyden menetyksen kokijalleen.

Jos kundaliinia nostetaan keinotekoisesti vaikkapa hyvin voimakkailla hengityksillä ja joogan asanoilla tai hallusinaatioita aiheuttavien aineiden avulla, on näissä varoituksissa varmasti perääkin. Kundaliini on voimakkain energia meissä, ilmeten siis hyvin monenlaisissa muodoissa staattisena ja dynaamisena voimana. Mutta kun se nousee luonnollista reittiään ja chakroja on etukäteen harjoitettu kestämään tämän tulisen nesteen voima, on kundaliini valon tuoja, viisauden käärme ja kaikkea muuta kuin pelottava asia. Se on itse asiassa sisäinen rakkaamme, jonka kanssa voi myös oppia kommunikoimaan, niin oudolta kun se saattaa kuulostaakin. Kannattaa kokeilla!

Niin naisilla kuin miehillä sakraalikeskus liittyy antautumiseen, Pyhään Äitiin meissä ihmisissä, seksuaalisuuteen ja uuden elämän synnyttämiseen. Luojuus sinussa on todella voimallinen ominaisuus. Et voi luopua siitä, vaikka voit teeskennellä, kuten useat ihmiset väittävätkin "Minä en ole luova. En osaa luoda mitään... En ole taiteellinen jne...". Luovuus ei ole vain taiteilua, maalaamista tai säveltämistä tai muuta sellaista, joksi sen ensimmäisenä ajattelee. Luovuus on vaikkapa kykyä ratkaista ongelmia, nähdä erilaisia puolia asioista, kykyä tiedostaa värien vaikutusta tai tehdä käsitöitä. Jokainen ihminen on luova joka ikisenä päivänä elämässään.

Naisilla napachakra on tietenkin myös äitiyden keskus ja tuon pyörteen kautta ja eetterikehon kautta yhteys esiäiteihin ja sukukarmaankin toimii todella hyvin. Toki sama koskee myös miehiä, mutta naisten kohdalla olen huomannut enemmän kuinka pitkä ketju esiäitien energioita, toiveita, pelkoja ja uhrautumia liittyy tuohon keskukseen. Esimerkiksi jos marttyyrin viitta roikkuu harteillamme, on hyvä tarkastella aiemmilta sukupolvilta siirtyneitä uskomuksia ja tunnemalleja. Vain hän joka on tietoinen, voi katkaista sukupolvien ketjun ja lakata siirtämästä näitä malleja omille lapsilleen ja lapsenlapsilleen.

Eetterikeho on osa fyysisen kehon kokonaisuutta. Energiakehon kautta esimerkiksi pinttyneet tunnemallit laskeutuvat fyysiseen kehoon luoden seurauksia, eli oireita. Jos tuollainen tunnemalli puretaan ajoissa, ei se koskaan laskeudu aineen eli fyysisen kehon tasolle ja sairaus jää syntymättä.

Tällä tapaa eetterikehossa voi nähdä myös niitä aiempien sukupolvien periytyviä sairauksia, jotka laskeutuvat koettavaksi vain, jos olosuhteet ovat sopivat. Olosuhteet tarkoittavat, että esimerkiksi saadakseen fyysisesti reuman aktivoitua, ihmisen on sekä oltava tunnetasolla tulehtunut, että altistuttava yleensä myös fyysisesti jollekin kokemukselle, joka käynnistää reuman oireet, kuten vaikkapa kostealle ja kylmälle ympäristölle.

Jos siis sinulla olisi vaikkapa suvussa reumageenejä tai diabetesta, et välttämättä "saa" tuota sairautta, ellet ole altistunut sille henkisesti Ja olosuhteiden kautta. Vaikkapa diabeteksen osalta kokemalla suuria sokeritasapainon vaihteluita suhteellisen pitkän aikaa. On tietenkin olemassa maailman tasolla myös ns. karmallisia sairauksia, jotka tulevat monesti jo syntymässä tai jonkin aikaa sen jälkeen. Karma ei tarkoita rangaistusta, vaan ihminen on tahtonut oppia jonkin vaivan kautta asioita ja kasvaa henkisesti.

Eetterikehoa tutkiessa on hyvä kiinnittää huomio tuon kentän laajuuteen fyysisen kehon ympärillä. Jos eetterikehon rajat ovat hyvin lähellä fyysisen kehon rajoja, voi olla, että jokin sairaus tai pitkäaikainen stressi ja uupumus vaivaavat ihmistä. Kun tämä elinvoiman kenttä on laaja, on ihminen yleensä terveen kirjoissa.

Koska chakrat toimivat parittain on hyvä tiedostaa sakraalikeskuksen vaikutus parichakraansa eli otsakeskukseen, joka ihmisellä on intuition keskus. Kun "vesi virtaa" eli energiat liikkuvat napakeskuksessa vapaasti, myös otsakeskus saa ikään kuin enemmän energiaa ja toimii paremmin, kuin silloin, kun energiaa pantataan eikä sen anneta virrata. Huomaathan, että sanon "ei anneta virrata," sillä kukaan muu kuin sinä itse, ei anna tai ole antamatta virtauksen liikkua olemuksessasi. Emme ole koskaan mikään ulkoisen asian uhreja, vaan me itse päätämme miten suhtaudumme eteen tuleviin iloihin ja haasteisiin.

Kuten aiemman chakran kohdalla kerroin, on napachakrassa toinen suurista vieteistä voimakkaimmillaan, nimittäin seksuaalisuus eli lajinsäilytysvietti. Tämän voiman me joudumme kohtaamaan elämässämme myös siten, että otamme sen haltuumme, eli viemme sitä, eikä se meitä. Suuri osa maailman mainonnasta perustaa vielä seksuaalisuuden myyttiin sen eri muodoissa. Seksi on polttoainetta hyvin monelle meistä ja tietenkin elämän suola. Suolaa voi kuitenkin olla joskus liikaa ja se alkaa janottaa. Vihkimysten tiellä me kohtaamme niin itsesäilytysvietin, kuin seksuaalisuudenkin tietoisesti ja teemme näistä voimista vetäjät elämämme vaunuihin.

Sakraalichakrasta olen huomannut myös, että ihminen, joka elää vielä reaktion omaisesti, haluaa suojautua ja sulkeutuu, kun vaikkapa joku vaikea tilanne, ero taikka pettymys on koettu elämän teatterissa. Tämä on kuitenkin vain reaktio, joka perustuu johonkin ajatukseen eli tulkintaan. Meillä on paljon egopohjaisia ajatuksia siitä, millaisia MUIDEN pitäisi olla, jotta ME olisimme onnellisia. Kuitenkin

35

ainoa taho, johon voimme vaikuttaa, olemme me itse. Voimme valita haastavissakin tilanteissa toisen näkökulman, kuten kysymyksen:

"Mitä tämä tapahtuma tai ihminen haluaa minulle opettaa?" Näin elämästä tulee enemmänkin seikkailu ja mielestä avarampi ja kiusaus sulkea sakraalichakran patoluukut vähenee vähenemistään. Kun vesi meissä virtaa, meillä on hyvin kevyt olla. Elämä ei ole taakka tai asia, joka pitää suorittaa kunnolla tai kunnottomasti. Ilon kokeminen liittyy virtaukseen. Kun tämä chakra pyörii vapaasti, kuljemme ilossa rakkauden viitoittamaa tietä.

## SOLAR –SISÄINEN AURINKO

Sinä olet heikoin lenkki! Näin voisi kuulua lause suomalaisten ihmisten Solarchakralle, sillä sitä se todella on ainakin minun silmiini ollut viimeisten yli kolmenkymmenen vuoden aikana. Ehkä se johtuu siis katsottavien asiakkaitten kansalaisuudesta? Suomalaisia ei ole pilattu liian hyvällä itsetunnolla, pikemminkin päinvastoin. Mitähän jos olisin tutkinut espanjalaisten tai vaikkapa brittien chakroja samalla intensiteetillä, ehkä eroja olisi havaittu.

36

Joka tapauksessa lähes jokaisessa asiakastapaamisessa, jonka olen tutkinut selvänäköisesti, on heikoin chakra ollut nimenomaan Solar ja keltainen väri. Sanoisinko, että kaksi ihmistä sadasta omaa vahvan itseluottamuksen, joka tarkoittaa tervettä oman arvon tuntoa, ei siis egoistista itsensä ylentämistä tai alentamista.

Luit oikein. Myös itsensä alentaminen eli väärä vaatimattomuus ja itsensä haukkuminen, nöyristely ym. kertovat voiman väärin käytöstä. Terveyttä on olla tyytyväinen itseensä, mutta tietää, että oma voima ei ole persoonasta tai egosta, vaan Korkeammasta Lähteestä meissä.

Solarchakraan sukeltaen voi nähdä todella paljon, sillä siellä sijaitsee alitajunta. Tämän nykyisen elämän lapsuuden kokemukset nousevat tuon keskuksen kautta esiin todella usein ja nimenomaan heikentävänä elementtinä, traumoina ja haavoina, jotka vaikuttavat edelleen aikuisena hyvin paljon. Solar on tulielementin keskus ja samalla se liittyy ruuan sulatukseen, tunteiden sulatukseen ja voimaan tai voimattomuuden tunteeseen. Myös aiemmat elämät, jos sellaisiin uskot, voidaan nähdä juuri Solarin kautta. Uskomattoman usein, sisäinen lapsi on kokenut alas painamista tai vaikeita hylkäämisen kokemuksia, jotka nykyisellä aikuisen ymmärryksellä eivät näytäkään enää kovin vakavilta, mutta lapsen kokemus on aito ja siksi se vaikuttaa.

Ei ole koskaan liian myöhäistä saada onnellinen lapsuus, sanotaan eräässä mainiossa kirjassa ja se pitänee paikkansa. Eli sinä itse olet se henkilö, joka pitää nyt huolta sisäisen lapsesi tarpeista. Sinä autat, tuet, ja leikität lastasi. Keskustele lapsen kanssa. Kysy mitä sille kuuluu, mitä se toivoo ja tahtoo tai pelkää. Kerro lapselle, että olet aina Hänen tukenaan ja rakastat häntä sellaisena kuin hän nyt ON, ei sellaisena, kuin erilaisten mielipiteiden mukaan hänen muka pitäisi olla, tai olla olematta.

Vaikka vanhempasi olisivat jo kuolleet, he elävät edelleen äänenä sisälläsi, tietoisuudessasi. Ja jos edelleen annat epäkypsälle vanhemmalle tai muulle taholle voimasi pois, niin katse kääntyy aina itseesi. Tuo teko on vapaaehtoinen tässä hetkessä ja voit koska tahansa päättää ottaa voimasi takaisin ja antaa Solarchakran keltaisen voimistua auringon kultaisiin sävyihin.

Kun tunnekeho toimii kirkkaasti, sinulla on selkeä kokemus siitä, kuka olet ja mitkä ovat SINUN omia tunteitasi ja mitkä ovat muiden tunteita. Sinun ei tule esimerkiksi kilttinä ihmisenä mennä toisten tonteille häärimään, eli kokemaan tunteita toisten puolesta, jotta "kaikilla on kaikki hyvin". Tuollainen toisten tunteiden säätely on karhunpalvelus heille ja tuo itsellesi suuren taakan kannettavaksi, aivan turhaan.

Sinä vastaat siis vain omasta tunnetontistasi ja muut vastaavat omistaan. Kun oivallat tämän, suuri taakka tipahtaa harteiltasi ja voit olla todella kiltti, varsinki itsellesi, olemalla vain oma itsesi.

Ego juhlii olemuksessamme enemmän kuin laki sallisi. Tämä toiminta näkyy chakratasolla eniten "ruotsinlipun väreissä" eli solarchakran ja kurkkuchakran yhteisenä toimintana. Jos Solar on liian voimakas tai voimaton, vaikuttaa se paljon kurkkukeskukseen vaikkapa itseilmaisun, eli puheen tuottamisen voimana tai voimattomuutena. Kurkussa asuu oma totuus. Jos Solar on heikko, emme tunnista tai itsekään usko omaan totuuteemme, miten siis voisimme ilmaista sen voimallisesti ympäristöön puheemme kautta?

Palan tunne kurkussa kertoo, että kurkkuchakra pyörii vinhasti väärään suuntaan ja Solarissa ei pala elämän liekki, joka antaisi voimaa USKOA omaan totuuteen ja sen tärkeyteen. Tuolloin muut yleensä jyräävät alleen hiljaisen hiirulaisen, jonka otsassa palaa neonvärein kyltti; Älä arvosta minua, sillä en itsekään niin tee. Mutta mitäs tapahtuu, kun hiirulaisen itseluottamus palaa? Aluksi ne muut tietenkin hämmästyvät ja ihmettelevät; Mikä hänelle tuli?

Miksi hän ei enää näyttele kiltin ja sovittelevan ihmisen roolia ja tee meidän töitämme, kuten ennen? Miten hän on oppinut sanomaan Ei?

Ihminen on laumaeläin. Tahdomme saada hyväksyntää esimerkiksi perheessä ja työporukan laumassa. Kun emme enää tahdo näytellä roolia, joka ennen sopi meille kuin nenä päähän, niin roolin muuttamisen esteenä on pelko hyläyksi tulemisesta lauman osalta. "Mitä jos minua ei enää oteta huomioon, rakasteta, hyväksytä?" Mutta yleensä käykin päinvastoin.

Kun Sinä päätät arvostaa itse itseäsi, niin muutkin näin tekevät. Olemme jatkuvassa telepaattisessa ja energiayhteydessä muiden kanssa. Kun joku toinen tulee auraasi, niin tiedät hänestä paljon paljon enemmän, kuin mitä hänen sanansa tai edes ilmeensä kertovat. Jos toinen ei arvosta itseään, tiedät myös sen heti. Jos toinen on surullinen ja vaikka hän yrittää peittää sen hyvin, sinä yleensä tiedät, vaistoat. Eli on hyvä oivaltaa, kuinka paljon olemme yhtä jokaisen toisen kanssa, varsinkin kohdatessamme. Olemme sitä muutenkin henkenä ja ykseytenä, mutta siitä lisää myöhemmin.

Egomielen toimintamallit ohjaavat Solarchakran toimintaa voimakkaasti vielä, kun olemme vasta tekemässä puhdistautumista olemuksemme eri osa-alueilla. Tämä on ihan normaalia, eli jokaisella valaistumattomalla ihmisellä on ego, mutta jokainen ei ole ego. Meidän ei tarvitse välttämättä samaistua erillisyyteen nojaavan mielen osan jekkuihin ja koukeroihin, joita tunnekehon emootiot säestävät.

Ajatus on aina ensin, sen jälkeen seuraa tunnekehon reaktio eli emootio. Tämä on mekaanista. Kokeile vaikka! Ajattele ensin jotakin negatiivista kokemusta, joka olet kokenut ja tiedosta, miten tunnetilasi muuttuu. Muuta sitten ajatus johonkin mukavaan muistoon ja huomaat jälleen tunnekehon tilan muuttuvan. Eli muuttamalla ajatuksiasi, muutat elämäsi, eikö vaan?

Jos olet helposti vihastuva persoonallisuus, on hyvä ottaa nämä ajatusten ja tunteiden tarkkailuharjoitukset vakavasti. Kuten mestari Buddha sanoo; jos vihastut jollekin ihmiselle tai vaikkapa televisiosta tulevalle uutiselle, ei tuo viha ensisijaisesti vahingoita kohdetta, vaan sinua itseäsi. Siunaaminen on todella voimakas harjoitus. Sitä voidaan kutsua myös todelliseksi anteeksiannoksi. Todellinen anteeksianto ei kohdistu johonkin kohteeseen, joka on tehnyt sinua kohtaan "väärin" (Väärin tai oikein on oma tulkintasi asiasta joka tapauksessa, eikä mikään tosiasia.) Todellinen anteeksianto kohdistuu sinuun itseesi, omaan mieleesi ja on kuin lämmin halaus itseltäsi itsellesi kertoen, että kaikki on joka hetki oikein hyvin.

Kerron lisää todellisesta anteeksiannosta kirjan loppupuolella.

Ylivoimaisesti useimmat Solarchakran tasolla ahdistuneista asiakkaistani sanovat, että heitä ahdistaa puoliso, esimies tai yleensäkin joku toinen ihminen, joka estää heitä olemasta oma iloinen itsensä. Kaikki tämä on vain kuvittelua. Vanha ohjelmointi pyörii mielen kovalevyllä. Vedämme puoleemme ihmisen, johon voimme projisoida oman itsemme ankaruutta tai välinpitämättömyyttä tai väärää voiman käyttöä itseämme kohtaan. Meidän on helpompi nähdä se "toisessa" kuin itsessämme. Jokainen toinen on kuitenkin aina vain peilimme. Emme voi sanoa toisesta mitään tuomiota, arviota, joka ei kertoisi omasta arviosta itsestämme. Eli loppujen lopuksi olemme itse valinneet olla ahdistuneita ja voimme valita myös päinvastoin. Siinä asiassa valintamme on siis vapaa. Ja TÄMÄ on todellista vapautta, sillä kenenkään toisen ei tarvitse muuttua, jotta meidän olomme olisi parempi.

Siirrytäänpä sitten jälleen askel ylöspäin sydämen vihreille laitumille.

## SYDÄNKESKUS -KYKY RAKASTAA ITSEÄ JA MUITA

Sydänkeskus on sananmukaisesti keskuspaikka. Sen sijainti "ylisen" ja "alisen" chakramaailman välillä, antaa sille itseoikeutetun kunnian hallita reittejä ylös ja alas. Mikäpä muu kuin rakkaus näitä reittejä kulkee ja ihmistä haasteineen ja iloineen kuljettaa.

Sydämen viisaudesta puhutaan paljon. Onko ärsyttävää, kun näkijäsi kehottaa vaan kuuntelemaan sydämen ääntä? Mitä jos se ei kuulukaan, tai jos epäilevä mieli estää äänen ja sekoittaa mielen korttipakan?

Kuten tämän luvun otsikko kertoo, on kyky rakastaa sydämen tärkein kyky. Kuten laulussa lauletaan "Sydän rakastaa, sydän haluaa, toisen sydämen, toisen ihmisen...". Rakkaudella on monenlaisia ilmenemismuotoja. On rakkautta perheeseen, lapsiin, vanhempiin tai puolisoon tai sitten se rakastumisen huuma, joka kestää yleensä vain hetken. Siihen humaltumisen tunteeseen eli emootioon markkinamiehet ja -naiset perustavat mainonnan, paremmaksi tulemisen tarpeeseen, hyväksytyksi tulemisen tarpeeseen eli liikkuviin tunteisiin. Emootio on latinaa ja tarkoittaa "olla poissa paikaltaan". Kun ollaan emootion vallassa on sydänkin syrjällään...

Samaistuminen tunteeseen on voimallista ja rauhasta sydämessä ei silloin voida puhua hyvällä tahdollakaan.

Ja hyvä tahto onkin sitten se korkein rakkauden muoto, myötätunto itseä ja muita kohtaan.

Kuulen ihmisten sanovan luonani: "En minä ole ankara muita kohtaan, mutta itseäni kohtaan kyllä...". Mutta onko se totta? Täsmälleen samanlainen olet muitakin kohtaan, kuin olet itseäsi kohtaan, vaikka pinnalta voisi muulta näyttää.

Siksi itsemyötätunto ja armon vastaanottamisen oppiminen ovat tärkeimpiä avoimen sydänkeskuksen oppiläksyjä. Ja samalla näiden oppiläksyjen oppiminen avaa ovet myös vaurauden vastaanottamiselle, eli manifestoinnin onnistumiselle kaikilla osa-alueilla elämässä.

Ei siis mikään pikku juttu, jos tahdot todella olla rikas, rakas ja vapaa, eli Ihmeiden oppikurssin sanoin nähdä "onnellista unta" maailmassa. Ja vieläkin tärkeämpää on tietenkin HERÄTÄ unesta nimeltä elämä ja samalla herätä ego -harhaanjohtajan ohjauksesta, askeltaa kevyesti ja ilossa elämän polkuja sydämen ääntä seuraten.

Kiitollisuus on avain avoimeen sydämeen. Kiitollisuus siitä mitä nyt ON, tuo runsauden kaikille osa-alueille elämääsi.

Voimme toki käyttää aromattisia öljyjä ja kantaa Malakiittiä tai Aventuriinia ketjussa sydämen lähellä, mutta tärkein ja tehokkain tapa avata sydän on todellakin muuttaa ajatuksiaan itsestä ja muista. Kun huomaamme sisäisen puheemme, se on jo suuri askel eteenpäin, sillä usein sisäinen puheemme ei kaiu kuuroille korville, varsinkaan jos se on negatiivista, arvostelevaa ja vaativaa itseämme tai toisia kohtaan.

Onneksi ajatukset ja puheen voi muuttaa ja yleensä se vaatii hieman tai paljon harjoitusta. Jos sinulla on jo hyvin positiivinen ja kannustava ajatusmaailma, eikä egomieli eli apinamieli hyppele enää puusta toiseen mielen metsiköissä, niin onnittelen sinua! Onnittele myös itse itseäsi ja jatka samaan malliin. Muista myös halata itseäsi. Kädet kuuluvat tämän chakran alueelle ja kämmenchakrat ovat osa sydämen rakkauden virtaa.

Jos sen sijaan tunnet, ettei sydämesi ole aivan niin avoin kuin pitäisi, niin ala tarkkailla ennen kaikkea omia ajatuksiasi, uskomuksiasi ja kysy itseltäsi: Onko tämä totta? Sillä niin todella vähän liikkuvan mielen sisällöstä on "omaamme". Omaksumme sen kaiken sälän monesta eri suunnasta, varsinkin lapsena, arvioimatta lainkaan tuon aineiston suhdetta omaan todelliseen totuuteemme elämästä.

Kun tulemme tietoiseksi mitä me EMME ole, on helpompi päättää, mitä olemme, eli mitä tahdomme OLLA. Näin automaatioelämä päättyy ja robotista tuleekin aito elävä ja tietoinen Ihminen.

Mikä sitten sulkee tehokkaimmin sydänchakran? Pelko tietenkin, pelko rakkauden vastakohtana, vaikka ei rakkaudella todella vastakohtaa ole. Jos kuitenkin olet kokenut hylätyksi tulemisen tai petetyksi tulemisen rakkaudessa, tavalla taikka toisella, niin todennäköistä on, että on vaikea luottaa taas ja avautua toisille ihmisille ja elämälle. Kuitenkin usko pois; emme ole tulleet tänne maan päälle tai elämäämme pelkäämään, vaan elämään rohkeaa elämää, oman näköistämme. Eikä se tarkoita, että pitäsi pyydellä lupaa keneltäkään tai olla aidosti nöyrän sijasta nöyristelevä.

Sydän on aina kaksisuuntainen tie, kuin heiluriovi. Näin ainakin tulisi olla. Rakkaus on kuin hengitys, sen on kuljettava kumpaankin suuntaan. On yhtä tärkeää oppia ottamaan vastaan rakkautta, apua, aivan kaikkea mitä meille tarjotaan universumin loppumattomista varastoista, kuin antaa puhtaasti ja pyyteettömästi.

Sinä Itse olet oman elämäsi mestari. Usko se, ja Elä! Älä suunnittele eläväsi joskus "tulevaisuudessa", sillä tulevaisuutta ei ole olemassa muualla kuin mielessäsi, sisäavaruuudessa. Elämä tapahtuu Nyt, ei eilen taikka huomenna. Sulje silmäsi, hengitä ja TUNNE elävä sydämesi juuri nyt siitä nauttien.

Olet KAIKEN hyvän arvoinen!

## KURKKUCHAKRA KERTOO TOTUUDEN (jos sallit)

Jokainen on varmasti joskus kokenut kun kurkkuchakra pyörähtää pyörimään väärään suuntaan. Palan tunne kurkussa. Ajatus, ettet saa ilmaista itseäsi kuten todella tahdot, koska kuulija voi loukkaantua tai suuttua. Tunne siitä, ettet tule kuulluksi, vaikka puhut? Oma totuus juuttuu kurkkuun, sanat eivät virtaa vapaasti, tai sinua yskittää kun pitäisi sanoa. Nämä ovat hyvin yleisiä kokemuksia kurkkuchakran alueella.

Kurkun alueella on mentaalikehon toimintaa, kuten sydämen tasollakin. Tuulen elementti eli ilma on tämän kehon ilmaisua maailmassa. Mieli menee kuten tuuli, eri suuntiin, välillä et tiedä olisitko lintu vai kala ja et itsekään aina tiedä mikä ON sinun oma totuutesi. Tämä on inhimillistä ja kuuluu siis ihmisen oppiläksyihin. Meidän on monesti punnittava totuuttamme ja totuus myös maailman ja olennon tasolla on muuttuvainen. Se muuttuu kokemusten myötä. Meillä voi olla todella voimakkaita mielipiteitä, joista siis pidämme mielessämme kiinni;) Mutta kun kokemusta syntyy lisää, voi olla, että näemmekin asiat eri tavalla, toisesta suunnasta ja totuutemme muuttuu.

Myös kausaalikeho eli kollektiivinen mieli, joka sisältää myös mm. arkkityypit, sijoittuu kurkkuchakran alueelle.

Todellisuus, joka on ilmiöiden taustalla, on Henki. Se ei koskaan muutu. Minuutemme sen sijaan on maailman tavoin jatkuvassa muutoksessa.

Jos ja kun tahdot selkeän ilmaisun ja voiman siihen, on tehtävä työtä tämän chakran parin eli Solarin kanssa. Siellähän se voima asuu ja kun luotat Itseesi, eli Korkeampaan Viisauteesi, niin silloin oma totuus on myös helppo ilmaista kuulijoille ja kanssakulkijoille. Et halua pistää päätäsi pensaaseen ja teeskennellä pientä, koska tiedät, että olet arvokas. Totuutesi on yhtä arvokas kuin kenen tahansa toisenkin. Tämä ei kuitenkaan tarkoita, että pitäisi alkaa huutamaan totuuttaan välttämättä toreilla ja turuilla. Riittää kun se tulee esille silloin, kun sen on aika tulla esille, kuten vaikkapa siinä työpaikan palaverissa, jossa sinulta kysytään suoraa vastausta asioihin tai siinä kohtaa, kun puolisosi pyytää jotakin, johon et haluaisi suostua, mutta "kilttinä ihmisenä" koet siihen kiusausta.

Tässä kohtaa meidän on syytä aina muistaa myös, että uhrautuminen ei kuulu rakkauteen.

No, jokainen meistä tietää kyllä milloin kurkkukeskus on tasapainossa. Jos olet henkilö, joka ei kestä lainkaan hiljaisuutta, vaan haluaa täyttää omalla kauniilla äänellään ja tärkeillä jutuillaan aina tyhjän tilan, niin voit olla varma, että kurkkukeskus kaipaa vielä tasapainotusta. Samoin, jos et saa sanaa suustasi, silloinkaan kun on sen aika, niin sama homma!

Henkisellä Vihkimystiellä on eräs koe, jossa koetellaan ilmaisun tulemista. Puhutko vaikka ei pitäisi, (halu juoruilla) vai etkö puhu pelosta tai epäilyksestä, vaikka tunnet, että pitäisi. Eli kultainen keskitie vie myös kurkkuchakran alueella perille orvokin sinisille niityille. Niityllä maatessasi katse on äärettömällä taivaalla, joka on tämän keskuksen elementti, tila eli tyhjyys. Mutta omien huomioitteni perusteella sanon siis, että myös mentaalinen keho eli mieli vaikuttaa tässä chakrassa erittäin paljon ja jos chakra pyörii ylikierroksilla, myös mieli tekee samoin ja puhettakin piisaa yleensä ylen määrin. Jos taas chakra pyörii liian hitaasti, voi olla että ajatus karkailee ja ihminen saattaa kokea myös kilpirauhashormonin vähyyttä, kun taas ylikerroksilla hormonia erittyy liikaa.

Kaikkien chakrojen kohdalla on umpieritysjärjestelmä ja sen tasapaino tai tasapainottomuus tärkeässä roolissa ihmisen kokonaisvaltaisen hyvinvoinnin kannalta. Kirjan alussa kerrotaankin mitkä hormonit ja umpieritysrauhaset kuuluvat kunkin keskuksen alueelle.

Jos ihminen liian pitkään "nielee" omaa totuuttaan, eikä uskalla ilmaista sitä, on siitä seurauksia. Yleensä juurikin sydämen ja kurkun alueella. Jos haluat nopeasti avata kurkkuchakrasi kukoistukseen eli olet vaikkapa menossa työpaikkahaastatteluun, jossa sopivan rohkeaa ilmaisua tarvitaan, niin ennen tapaamista laula vähän taikka paljon. Laula tai mantraa, käytä ääntäsi rohkeasti. Äläkä sano, ettei sinulla ole ääntä. Jokaisella se on ja sen on hyvä antaa kuulua vapaasti, jotta tiedät oman arvosi ja totuutesi ja uskallat myös elää sen mukaista elämää.

# OTSAKESKUS – INTUITIO OHJAA

Kun olen pitänyt kursseja, joissa harjoitellaan intuition käyttöä, on yleisin harhaluulo, että intuitio on vain näkemistä, eli selvänäkemistä. Sitä se ei todellakaan ole, vaan selväaistit toimivat hyvin monella tavalla, kuten muutkin aistimme.

Selvänäkeminen on otsakeskuksen aisti, mutta kurkkuchakran alueella toimii selväkuulo ja myös selvätunteminen ja vaikkapa tuoksujen aistiminen toisista maailmoista on mahdollista. Päälaen keskuksen aistina taas on pelkkä selvätieto.

Kerron lisää omassa luvussaan miten voit harjoitella selväaistien käyttöä, jos se sinua kiinnostaa.

Otsakeskuksen umpieritysrauhanen on aivolisäke. Se säätelee koko järjestelmää ja sitä kutsutaan mm. Egyptiläisessä mytologiassa RA-Jumalan kaikkinäkeväksi silmäksi. Vapaamuurareiden symboliikkaa, joka löytyy myös dollarin setelistä pyramidin kera.

Otsakeskus aktivoituu luonnollisen henkisen kehityksen seurauksena, kun kundaliinienergia nousee otsan tasolle. Se voi siis avautua näkemiseen näin, mutta on hyvä muistaa, että henkisen kasvun tarkoituksena ensi sijassa ei ole aktivoida erilaisia "kykyjä". Otsakeskuksen aktivoituminen sen sijaan on suuri harppaus valaistumisen tiellä. Kun kundaliini-käärmeemme nousee tuolle tasolle, se antaa monesti itseoivalluksen eli pienen valaistumisen, siemenisen samadhin.

Tuollaisessa tilassa ihminen oivaltaa olevansa kaikki, mitä hän havaitsee. Ei ole tietoisuuden ja havaitsemisen ulkopuolta erotettuna sisäpuolesta. Tämän kvanttifyysikkommekin hienosti kertovat. Kaikki mitä havaitset, on itse asiassa osa sinua Itseäsi. Tämän takia siemenisen samadhin anti on KOKEMUS siitä, että "Minä Olen Se." Sinä Itse olet se, mitä olet etsinyt ja kaikki ON sinussa sisälläsi, ei ole mitään ulkopuolta. Tämä on iso oivallus sulatettavaksi ja ainakin itselläni kesti vuoden päivät, ennen kuin koin sulattaneeni tuon voimakkaan energian ja muuttuneen olemisentilan itsessä ja itseen. Yksilöllisiä eroja varmasti toki löytyy.

Toki otsakeskuksen avautuminen tuo yleensä myös sen voimakkaan selvänäkemisen ja intuition avautumisen, varsinkin jos olet muutenkin visuaalinen henkilö.

Visuaalisuus ei kuitenkaan ole mikään edellytys intuition toiminnalle, kuten tuossa aiemmin kerroinkin. Voit aistia niin monin eri tavoin. Myös ns. "psykologinen silmä" toiminnassa kertoo, että intuitio toimii. Tämä tarkoittaa vaikkapa sitä, että vaistoat asioita, näet toisista heidän tunnetilansa, vaikka heillä olisi paljon pokkaa peittää tunteensa. Voit nähdä enneunia tai saada voimakkaita aavistuksia tulevista tapahtumista tai kanssakulkijoiden luonteesta, vaikkapa rehellisyydestä.

Otsakeskuksen osalta sanoisin, että paras tapa aktivoida sitä on meditaatio. Mitään väkisin aktivoimista esimerkiksi voimakkailla kundaliiniharjoituksilla tai yrteillä en voi kenellekään suositella. Kaikki tapahtuu tarkoituksellisesti ja omalla täydellisellä ajoituksellaan, kun vain luotat ja elät elämääsi omalla parhaalla tavallasi.

Kaikista TÄRKEIN asia otsachakran aktivoitumisessa on sen myötä tapahtuva tietoinen yhteys omaan Korkeampaan Itseen, Pyhään Itseen, Sisäiseen rakkaaseen, jota voidaan kutsua myös nimellä EL. Omalla kohdallani yhteys korkeampaan Itseen aktivoitui usean vuoden perusmeditaation myötä. Harjoitin mestari Ramana Maharishin meditaatiota "Kuka olen?". Siinä suljetaan pois kaikki mitä emme ole, eli tunteet, ajatukset, kehomuoto, siis kaikki muuttuva.

Se mikä jää jäljelle on Todellisuus, Totuus eli ITSEYS. Tuo Itse on kaikkien olentojen "sisällä" oleva Ykseys. Yksi Itse. Ei ole olemassa minun JA sinun Korkeampaa Itseä, on vain se Yksi. Me jokainen olemme osa sitä, vaikka SE ei olekaan osittunut. Tämä on paradoksi, joka toivon sinun ratkaisevan oman kokemuksesi kautta.

Henkisellä vihkimysten tiellä, jota kutsutaan Planetaariseksi Vihkimystieksi vaikkapa Teosofisen kuvauksen mukaan, tämä otsakeskuksen aktivoituminen ja yhteys Korkeampaan Itseen on Unio Mystica, eli mystiset häät. Sen myötä samaistuminen persoonaan ja egoon lakkaa vähitellen kokonaan ja oivallat olevasi Se, eli Korkeampi Itseys.

Otsakeskuksen avautumista kutsutaan myös Boddhin eli Buddhamielen aktivoitumiseksi ja tietenkin Buddhinen viisauskeho on tämän keskuksen käyttöväline. Otsakeskus saa voimaansa parichakraltaan navasta, mutta vähintään yhtä isossa roolissa on otsan ja sydänkeskuksen yhteys. Tätä yhtettä kivimaailman ystävistä Ametisti auttaa eniten.

Kun ohjaan asiakkaille sisäisiä matkoja tai regressioita, jotkut valittavat etteivät ole visuaalisia ihmisiä ja ettei tuollaisella matkalla tapahdu mitään. Väitän kuitenkin, että meissä on aina se osa joka kuulee, vaikkakin sitä kutsutaan alitajunnaksi. Siten tällaisilla matkoilla ja ohjatuissa meditaatioissa tapahtuu paljon sellaista mitä tietoinen mieli ei ymmärrä, tai josta se ei tiedä mitään. Korkeampi Itse valvoo aina. Se ei koskaan nuku, vaikka persoona vetelisi hirsiä

kuinka autuaasti, kuten monesti tahtoo käydä kurs-
seillakin, kun valorentoutus valtaa kurssilaisten koko
olemuksen ja vie mennessään muihin maailmoihin.

## KRUUNU PÄÄSSÄMME - YHTEYS TAIVAASEEN JA ABSOLUUTTIIN

Kruunukeskus on korkein taajuus 7 chakran järjes-
telmässä ja sen pari on peruschakra eli juuret. Kuten
peruschakran kohdalla kerroinkin, ei ole todellakaan
viisaasta aktivoida kruunua ilman voimakkaita juu-
ria. Maalaisjärki, jalat maassa olevuus, on tärkeää
jotta henkisyyden mopedi ei karkaa käsistä, vaan jäl-
leen kuljetaan sitä kultaista keskitietä, ilman turhia
mutkia matkassa.

Parhaita keinoja aktivoida kruunua on tietenkin me-
ditaatio eli tietoisena ja läsnä oleminen. Tiedostava
ihminen tiedostaa myös Itsensä, eli Hänet joka on
tietoinen...

Kun otsakeskuksen tasolla äitikundaliini noustessaan
tuo Itseoivalluksen eli siemenisen samadhin, niin
kruunun tasolla on kyse Jumaloivalluksesta eli Sie-
menettömästä samadhista. Se tarkoittaa, että egon

siemenkin on rauennut olemattomiin. Tätä hetkeä ennen ego jatkoi olemassaoloaan ja egomieltä on vartioitava, jotta emme uudelleen aktivoisi illuusionkaltaista minuutta, jota viisaat kutsuvat unihahmoksi tai näytelmän hahmoksi elämän näyttämöillä.

Kun siemenetön samadhi ilmenee, sen kuvaaminen on lähes tai täysin mahdotonta sanallisesti. Kuitenkin sitä voisi kuvata tilana, jossa ei ole mitään ehdonvaraista, ei mitään suhteellista. Kaikki on täydellistä ja oleminen sekä ei- oleminen sulautuvat yhdeksi kokonaisuudeksi, eheydeksi. Kruunun käyttöväline, jos sellaisesta voi puhua, on Nirvaaninen keho. Mutta tarvitseeko henki, joka on puhdas oleminen, kehoa, minkäänlaista muotoa? Siitä on hyvä itse ottaa selvää. Lisää näistä samadheista ja heräämisestä kirjan viimeisissä luvuissa.

Päälakichakran eli kruunuchakran yliaisti on tietäminen. Sinä vain tiedät, etkä osaa selittää mistä tieto tulee. Se on siis suoraa tietämistä, ei päättelemistä tai ajattelemista. Rationaalisella mielellä ei ole tämän(kään) aistin kanssa mitään tekemistä, paitsi silloin kun ego käyttää mieltä epäilyyn estääkseen intuitioon luottamisen.

Kruunumme kautta olemme yhteydessä taivaaseen. Mitä taivas sitten kenellekin merkitsee, se vaihtelee. Kuitenkin taivas on Ykseys, Korkeammat maailmat kuten enkelit ja mestarit ja samalla yhteys päälaen yläpuolisiin chakroihin. Kruunun fyysinen elin on käpyrauhanen ja jos kruunu on auki voisi sanoa, että tie taivaaseen on todella avoin. Henkisyys ei kuitenkaan ole (vain) leijailua muissa dimensioissa, vaan monesti sellainen elämysmatkailu on pakoa siitä koulunpenkistä, jota arkemme tarjoaa. Egomielen metkuihin samaistumattomuus kuitenkin tuo lopulta myös ylempien hermokeskusten avautumisen. Korkeampi Itse ohjaa tässä täydellisesti.

Perusteeltaan seitsemän on ilmenevän maailmankin avainluku. Tiedäthän; sateenkaaren värit, nuottiasteikko jne. Meillä on todellakin sateenkaari sisällämme, mutta ei ainoastaan sitä, vaan chakroja on tuhansia ja tässä ajassa on meillä pääsy myös niin sanottuun 12 tai 13 chakran järjestelmään, jos tyhjyyden keskus lasketaan mukaan. Vanhaa Egyptiläistä järjestelmää kutsutaan 9 chakran järjestelmäksi, eli hyvin monenlaisia tulkintoja aiheesta on.

Varmaa on kuitenkin se, että varsinkin kaikki itämaiset kulttuurit kantavat tietoa chakroista: Kiinalaiset hoitomuodot kuten akupunktio perustaa chakrojen olemassa oloon, vaikka keskuksia ei ehkä kutsuta juuri tällä nimellä. Intiassa tietenkin chakrat ovat itsestäänselvä asia, jonka järjestelmän olemassaoloa ihmisessä ja muissakin luoduissa kukaan täysijärkinen ei epäile. Tietenkin Tiibet, Japani ja monet muut kulttuurit tietävät paljon ihmisen energeettisestä rakenteesta.

Länsimaissa epäillään yleisesti kaikkea mikä ei kuulu materian todellisuuteen. Luontaishoitoja ja energioita kutsutaan monesti huuhaaksi tai uskomushoidoiksi. Harva näin puhuva ei tule kuitenkaan ajatelleeksi, mitä uskomus tarkoittaa. Suurin osa tavanomaisesta ihmiskunnasta elää uskomusten varassa. Ja suurin osa ei edes tiedosta sitä, vaan sitä pidetään ihan "normaalina." Eli alitajuiset uskomukset ohjaavat päivittäin.

Roolit, joita on kenties omaksuttu mukaan jo lapsena kuljettavat. Jos tätä on vaikea uskoa, niin kannattaa aikuisena vaikkapa 45-vuotiaana asua lapsuuden kodissaan, entisessä huoneessaan, vanhempiensa kanssa samassa talossa ja havainnoida mitä mieleen juolahtaa! Ihminen toimii reaktioidensa mukaan miettimättä mistä nuo reaktiot nousevat. Hyvin harva ihminen on todella HEREILLÄ.

Monet New age eli uushenkisyyteen nojaavat ihmiset uskovat, että hereillä oleminen tarkoittaa salaliittoteorioihin uskomista tai sitä, että syödään vegaanisesti ja samalla arvostellaan heitä, jotka eivät toimi samoin. Kaikki tämä on sitä samaa, unessa olemista. Uni voi käsitellä salaliittoja, parempana ihmisenä olemista, huonompana ihmisenä olemista, tai mitä

muuta tahansa, mutta se on aina samaa unta, eli he-
räämistä ei ole tapahtunut.

Vasta kun ihminen herää kokonaan uskomasta mi-
nuuteensa todellisena olentona ja samalla näkee
muotojen maailman selkeästi illuusion kaltaisena tai
kuvajaisena, niin voidaan sanoa, että heräämistä on
alkanut tapahtua. Yleensä herääminen on vähittäinen
prosessi, jossa ikään kuin riisutaan uskomusten vaa-
tekerrosta, yksi kerros kerrallaan ja tämä on varmasti
mielenterveyden kannalta paras vaihtoehto.

Mutta palatkaamme Kruunuun... Se on tie myös sin-
ne 13–chakran korkeampaan järjestelmään eli pää-
laen yläpuolisiin keskuksiin.

Aura, onko se sama kuin chakrat? Kyllä! Chakroihin
liittyvät energiakehot väreineen siis muodostavat au-
rakentän.

# KOHTI TÄHTIPORTTIA

13–chakran järjestelmässä seitsemäisyyden lisäksi löytyvät ainakin seuraavat keskukset; päälaki-chakran yläpuolella ns. sielun istuin, eli vaaleana tai hopeisena koettu tietoisuuspallo. Sen yläpuolella on kaksi muuta chakraa, joiden väri on metallihohtoinen, muutoin en oikein osaa niitä kuvata. Toinen on sinertävä ja toinen kellertävä tai kuparinen. Niiden yläpuolella on tähtiporttichakraksi kutsuttu keskus, jonka pari on juurikeskuksen alta syvästi Äitimaahan yhteydessä oleva Maatähti. Tähtiportin koen hyvin kirkkaana, valoisena tai kullanhohtoisena keskuksena.

Nämä keskukset ovat eri ulottuvuudessa kuin seitsemän chakraa ja siten niiden värejäkin on mielestäni vaikeampi kuvata, sillä tuollaisia sävyjä en ole maailman tasolla edes nähnyt.

Näiden lisäksi löytyy chakra numero 13, joka sijaitsee, ei eetterikehossa tai fyysisessä tai astraalisessa, vaan nopeammin värähtelevissä käyttövälineissä, mutta fyysisen kehon tasolla siihen suhteutettuna sen sijoittuu vatsan alueelle, lähelle Solaria. Tämä on niin sanottu tyhjyyden chakra, joka Kurkkuchakran lisäksi liittyy tilan/tietoisuuden/tyhjyyden havaitsemiseen eli 5. elementtiin.

Perimätieto kertoo, että Atlantis mantereen kulta–aikana Jumalaisilla kyvyillä varustettuja ihmisiä käveli Maan päällä. Heillä sanotaan olleen kaikki 13 chakraa ja niihin liittyvä DNA aktiivisena. Moniulotteisen DNA:n aktivoitumista odotetaan nyt, ns. Kultaisen ajan tai Vesimiehen ajan sarastaessa, mutta en usko, että tämäkään tapahtuu itsestään kuin Manu–koiralle se kuuluisa ateria, vaan omaa panostusta tarvitaan, runsaasti.

Toki Maailman tasolla on varmasti aikakausia, joiden aikana on helpompi olla tietoinen, kuin joinakin toisina aikoina. Mutta liike ja muutos ovat maailman lakeja, syklisyys toimii jatkuvana virtauksena. Jos katsotaan Intian Vedojen mukaista aikakausien jaotusta, elämme nyt hyvin synkkää ajanjaksoa Kali Yugaa, eli rauta-aikaa.

Kuitenkin pitkien Maailman vuosienkin sisällä toki on lyhyempiä jaksoja, joiden aikana Vesimiehen maljastakin voimme nauttia tietoisuuden nektaria ja tiedostaa kenties myös korkeampien chakrakeskusten toimintaa.

Olen huomannut, että kun ryhmässä tai yksityisesti tehdään Merkaba -valokehon aktivointeja, niin niiden myötä kyllä tapahtuu paljon. Jälleensyntymismuisti alkaa aktivoitua ja ihminen voi kokea keholliseestikin uusia olemisen tiloja. Meillä todella on mo-

niulotteinen DNA, jota "asiantuntijat" kutsuvat ni-
mellä roska-DNA. Roskaa se ei tietenkään ole, vaan
liittyy juuri tähän tässä luvussa mainittuun mahdolli-
suuteen olla enemmän elossa, enemmän ihminen ja
hereillä.

DNA- säikeet aktivoituvat nähdäkseni fyysisen ke-
hon kaksoiskappaleessa, eli eetterikehossa ja tällä
totisesti on vaikutusta myös fyysiseen elämäämme.

Kuten tiedät, keskiverto ihminen käyttää noin 20 %
aivokapasiteetistaan ja kyvyistään. Mitä jos kaikki
100 % tai edes puolet siitä olisi käytössä? Siihenkin
tämä korkeampien keskusten aktivoituminen saattaa
hyvinkin liittyä.

Pään alueella on muuten paljon intuitiiviseen havait-
semiseen liittyviä pienempiä pyöriä eli chakroja, esi-
merkiksi kulmakarvojen yläpuolella ja ohimoissa.
Pään keskellä on myös ns. tähtichakra, joka saattaa
yllättäen syttyä loistamaan kirkasta valoa. Siitäkö-
hän sanonta valopäät on saanut alkunsa?

Pari kertaa on tuo valo syttynyt minun päässäni ja
aiheuttanut hillittömän naurukohtauksen, sillä niin
hassulta se tuntuu, kun voi valaista pimeän huoneen
ihan omalla valollaan!

Myös muunlaisia valokokemuksia voi matkan varrella chakrojen aktivoituessa tulla. Ne voivat olla visuaalisia, tai sitten hyvin konkreettisia kokemuksia, kuten vaikkapa, että kehon taajuus nopeutuu ja rajat alkavat kadota. Tämä voi kuulostaa hurjalta ja sitä se onkin, mutta jälleen katse kääntyy kvanttifyysikoiden suuntaan.

Maailmankaikkeudessa, jonka osia kehommekin näyttävät olevan, on vain hyvin vähän eli noin 6% sellaista asiaa kuin materia tai aine. Kaikki loppu on energiaa, aaltoliikettä. Ja sitä on myös sinun tomumajasi, jos aivan tarkkoja ollaan. Ja missä tuo tomumaja tai aaltoliike sijaitsee? Tietenkin tietoisuuden avaruudessa, ei tuolla jossain ulkona, vaan sisälläsi.

Kaikki ON siellä, joten kurota sisälle päin ja ole vapaa.

Pään yläpuolella olevat chakrat liittyvät myös esimerkiksi toisten järjestelmien tai dimensioiden kokemiseen, kuten vaikkapa Kristallimatriisiin. Siitä voit lukea toisesta teoksesta, joka kantaa juuri tuota samaa nimeä.

Pään yläpuoliset keskukset ja moniulotteinen DNA liittyvät siis vahvasti Merkaba -valokehon pyhän geometrian aktivoitumiseen meissä ihmisissä. Merkaba on vanhaa Atlantis-Egyptiläistä tietoutta.

Sana Mer tarkoittaa valoa ja Ka ja Ba tarkoittavat ihmisen hienompienergisia kehomuotoja. Merkaba ei kuitenkaan ole sama asia kuin aura. Valokehon kehittyneempiä muotoja ovat Merkiva, Merkana ja MerkaRA. Näiden aktivoiminen tarkoittaa, että olet löytänyt autotallistasi entisen Toyotan lisäksi Ferrarin. Kuten Ferrari on paljon tehokkaampi auto kuin Toyota, on Merkabaakin opeteltava käyttämään tietoisesti jonkin aikaa, ennen kuin voit kokea olevasi mestari sen kanssa.

Merkaban käyttäminen nopeuttaa esimerkiksi luomisen voimaasi ihmeellisellä tavalla. Lisäksi sillä voi matkustaa erilaisiin järjestelmiin, mutta tähänkin on hyvä pyytää apua asiantuntevalta oppaalta, aivan kuten matkatessasi tämän maailman viidakoihin ja oudoille seuduille, on hyvä matkata asiantuntevan oppaan kanssa.

Merkaban maskuliininen muoto on tähtitetraedri ja sen feminiininen muoto taas elämänkukka. Merkaban päätarkoitus on ylösnousemus ja karmallisen kierron eli inkarnoitumisen loppuminen ainakin Maan järjestelmässä. Monessa kulttuurissa tämä valokeho tunnetaan, vaikkakin eri nimillä kuten Sateenkaarikehona Tiibetissä ja Intiassa tai Teosofiassa Timanttikehona. Mestari Jeshua loi kuolemattoman valokehon ja kylvi näin ylösnousemuksen valokoodit ihmiskunnan DNA:n, jotta meillä jäljessä tulevilla olisi hieman helpompaa vapautua illuusion kaltaisesta maailmastamme.

Lisää näistä asioista löytyy vaikkapa Drunvalon kirjoista Elämänkukan salaisuus 1-2 sekä myös minun kanavoimistani kirjoista Pyhä Ihminen ja Mystinen Ruusu.

Monet ovat ihmetelleet kuinka olen keskittynyt enimmäkseen varsinkin ensimmäisten näkijävuosieni aikana tutkimaan nimenomaan seitsemää chakraa ja olen kuullut aika erikoisia luuloja esimerkiksi siitä, kuinka "vanha" chakrajärjestelmä on poistunut tai "valunut alaspäin" ja uusi järjestelmä on korvannut sen. Kun kuulen näitä oletuksia, tekisi mieleni kertoa varsinkin planeettamme kaikista henkisemmin kehittyneistä olennoista delfiinien jälkeen, eli tiibetiläisistä munkeista. He kun pärjäävät valaistumiseen, sateenkaarikehon luomiseen ja vapautumiseen pelkästään kuuden chakran järjestelmällä.

Olen tavannut muutamia heistä ja voin vannoa, että monilla heistä on kaikki mahdollinen todellinen henkinen tieto ja opetus hallussaan. Mutta samalla heillä ja heidän kaltaisillaan on hyvin vähän illuusioita ja luuloja peittämässä kirkasta tietoisuuden pintaa.

Mielen luonto loistaa kirkkaana meissä kaikissa, jos emme anna sakan eli väärien uskomusten, luulojen ja pelkoihin samaistumisten peittää peilinkirkasta mielen pintaa. Meditaatiossa annamme sakan laskeutua "pohjaan" ja näemme kaiken sellaisena kuin se on, vailla halua ja takertumista, jotka ovat karman juuri ja kaiken onnettomuuden syy elämässämme.

Meissä kaikissa on myös neljä tietoisuuden tilaa eli yön REM uni, syväuni, päivällä nähtävä uni eli arkemme sekä 4. tila, joka läpäisee nämä kolme muuta tietoisuuden tilaa, ollen läsnä kaikessa kaikkialla, eli Henki. Tätä kutsutaan Tiibetin Bön traditiossa myös A–mantran kirkkaaksi valoksi, kaiken läpäiseväksi tiedostamiseksi. Sen tunnistamista voi harjoitella vaikkapa tiibetiläisen unijoogan avulla, jos asia sinua kutsuu. Muutenkin tietoisen unennäön harjoitteleminen voi auttaa oivaltamaan, että myös päiväelämämme todellakin on unen kaltaista ja tapahtuu mielessä, eikä missään muualla.

Nyt kun olemme kiivenneet elämänpuun juurilta latvaan saakka, voimme siirtyä laajentamaan näkemystä. Seuraavassa luvussa kerron, miten voit harjoitella vaikkapa sitä muiden tasojen ja henkiolentojen aistimista käyttämällä omia chakrojasi paikantimina eli antenneina. Huomaathan, että jos sinulla on pelkoja tai mielenterveyteen liittyviä ongelmia, niin paras on maadoittua ja pyytää vaikkapa Tohtori Metsää auttamaan, ennen kuin rupeat aktiivisesti harjoittelemaan aistimista.

Henkinen kehitys etenee vallan mainiosti arjen haasteita käyttäen ilman mitään "yliluonnollista". Arjen haasteisiin vaikkapa ihmissuhteissa meidän on sovellettava henkisiä hienoja oppejamme, tai muutoin niistä ei ole mitään iloa tai hyötyä kellekään. Kuitenkin, jossain vaiheessa muiden maailmoiden aistiminen saattaa kutsua, joten siihen seuraavaksi.

## CHAKRAT ANTENNEINA AISTIMISEEN

Turvalliset juuret ja sakraalichakran eetterimaailma;

Kuvitellaan, että olet nyt intuitiokursilla luonani. Olet tullut, koska tahdot oppia aistimaan toisten tasojen olentoja ja energioita.

Tässä kohtaa annan sinulle toisenlaisen lähestymiskulman tähän yhteiseen asiaamme. Entäs kun mitään ei ole sinun ulkopuolellasi, vaan kaikki on sisäistä? Silloin myös henkioppaat, enkelit ja jopa edesmenneet sukulaiset "asustelevat" sisäavaruudessasi, ei ulkoisessa. Ja vaikkapa kun joskus näytät poistuvan maallisesta tomumajastasi eli laitat rotsin naulaan ja lähdet autuaimmille maille, niin mihin silloin menet? Onko kuoleman jälkeinen maailma jossain tuolla "ylhäällä" eli avaruudessa, vai missä se sijaitsee? Eikö se sijaitse sinun sisälläsi? Näin ainakin lukuisat kuoleman raja - kokemuksen omaavat ihmisetkin kertovat.

Ei ole, eikä voi olla mitään havaintoa erotettuna havaitsijasta, eli Sinusta. Näin on aina.

Jos tämä näkökulma on liian haastava juuri nyt, niin anna itsellesi aikaa ja makustele asiaa. Voimme leikkiä, että maailma on totta, siinä on erilaisia värähtelytaajuuksia, joiden maailmoissa erilaiset luontokunnat kuten luonnonhenget, vainajat tai enkelit ja oppaat elävät. Ehkä muistatkin kirjan alusta, että tämä on se ns. suhteellinen näkökulma elämään ja omalla paikallaan totta.

Fyysinen keho ja sen peruschakra ja syvä maayhteys Maatähden kautta ovat ehdoton edellytys sille, että minkäänlainen aistiminen toimii ja voit oikealla tavalla TULKITA sen mitä aistit. Ei ole mitään iloa kellekään myöskään siitä, että nähdään ja kuullaan kaikenlaista pystymättä hallitsemaan näitä aisteja tai asioita. Voimme törmätä silloin myös hyvin häiritseviin olentoihin, leikkisiin kavereihin, joiden olemus voi helposti pettää.

Joten realistinen näkemys, joka tarkoittaa tervettä kriittisyyttä eikä siis epäilevää egomieltä, on todella perusedellytys kaikelle selväaistimiselle.

Kun koet, että juuresi ovat maassa, on aika avautua ja lähdemme jälleen kipuamaan elämänpuuhun juuresta käsin.

Peruschakran jälkeen on vuorossa tietenkin navan Sakraalikeskus ja kun meditaatiossa keskityt sen energian aaltopituuteen ja annat luvan itsellesi aistia, niin melko helpostikin alat nähdä esimerkiksi valokehiä ihmisten kehojen ympärillä tai puiden ympärillä, mutta tällä energian aaltoliikkeen tasolla voi aistia myös helposti luonnon energioita kuten keijuja, peikkoja tai haltijoita. Nämä ystävät ovat monesti hyvin leikkisiä ja lapsenomaisia. Heidän kanssaan voi ystävystyä, jonka jälkeen heihin voi luottaa, mutta monesti heidän käsityksensä luotettavuudesta on aivan toisenlainen, kuin mitä se ihmisten uskomusmatriisissa on.

He eivät siis ole hyviä taikka pahoja, vaan omia itsejään! Samalla tavalla kuin pieni lapsi ei vielä erota mikä on viisasta tai "oikeaa väärästä"myös tämä luontokunta osaltaan on sellainen, että he tahtovat monesti leikkiä myös ihmisten kanssa. Vaikkapa luontoretkellä voi joku yrittää harhauttaa väärälle polulle, eikä se ole ilkeyttä, vaan ehkä hauskaa leikkiä harhauttajan kannalta nähtynä.

Olen ollut läsnä mm. eräässä henkisen kasvun piirissä, joka luuli saavansa viestejä Valkoisen Veljeskunnan mestareilta ja he pyysivät minut näkijänä varmistamaan keitä mestareita on paikalla. Kun istunto alkoi, paikalle tuli runsaasti luonnonhenkiä, mutta yhtään mestaria en havainnut. On siis hyvä pitää myös jalat maassa sen suhteen, millaisia olentoja yhteyksien toisessa päässä on, eli tehdä testejä ja varsinkin luottaa tässäkin viestin sisältöön ja omaan intuitioonsa. Jos viesteissä alkaa tulla vaikkapa itsemääräämisoikeutta ja vapaata tahtoa loukkaavia käskyjä, niin on selvää, ettei viesti tule korkeammalta tasolta.

Olen myös kokenut eksymisen Lapissa, alueella jossa kännykkä ei toiminut ja saanut apua suunnistamiseen peikolta, joka ystävällisesti opasti meidät läheiselle tielle. Tässäkin pätee varmasti se sääntö, että metsä vastaa kuten sinne huudetaan. Kun suhtaudumme luonnonhenkiin kunnioittavasti, mutta kuitenkin tiedostaen heidän eroavaisuutensa esimerkiksi meihin ihmisiin, niin voimme nauttia heidän seurastaan ja myös luontoretkillä saada paljon iloa yhteisistä kokemuksista.

Itse koen, että luonnonhenkien korkeimpia energioita ovat haltijat. Heidän olemuksensa on monesti hyvin arkkityppinen tietäjähahmo, aivan kuten Harry Potterin Dumbledore. Heitä tapaa monesti esimerkiksi voimakkailla Äitimaan chakrapaikoilla, kuten tuntureissa ja vuoristoisilla alueilla. Heidän kanssaan voi jutella huoletta, sillä sama lapsenmielisyys, joka on monella muulla luonnonhenkien ilmennyksellä, ei minun kokemukseni mukaan liity haltijoihin.

## Solar ja Sydänkeskus; Astraalimaailma

Kesämaan väki ja eräät henkioppaat: Solar-chakraan keskittyessäsi tulet tajuudelle, jota kutsutaan astraalitasoksi. Tällä kohtaa voit aistia vaikkapa edesmenneen mummosi tai pappasi, mutta myös aiempien eli toisten inkarnaatioiden olentoja, jotka monesti toimivat myös henkioppaina niissä asioissa, joissa he ovat edenneet opastettavaa pidemmälle.

Meediointi toimii ainakin suureksi osaksi näiden chakrojen taajuudella, toki riippuu, mistä kaukaa odotettu viesti on tulossa.

Astraalitasolta löydät kesämaaksi kutsutun paikan, jonne kuolleet monestikin ensimmäisenä menevät. Tuossa ympäristössä on aina kesä. Siellä ihminen monesti jollain tapaa jatkaa niitä toimia ja harrasteita, joita on maan päälläkin tehnyt, ainakin aluksi. Siellä voit tavata aiemmin poismenneitä omaisia tai ystäviä, mutta unen tasolla moni maassa edelleen elävä irtoaa kehostaan ja matkustaa tapaamaan astraalimaailmojen väkeä. Sanon tämän monikossa, sillä tuolla tasolla on hyvin monenlaisia "maailmoja." On alempia astraalimaailmoja, joiden tunnelma on melko ahdistavakin. Tätä osaa voitaisiin kutsua vaikkapa Tuonelaksi. Sitten on kesämaan kaltaisia paikkoja ja myös korkeasti värähteleviä opetuskeskuksia, kuten vaikkapa Shambala/Shangri La. Nämä korkeasti värähtelevät "paikat" ovat nähdäkseni hyvin lähellä mentaalikehon taajuuksia tai osin jo niillä.

Ja todellakin. olen tehnyt kymmeniä vuosia näitä chakrojen kartoituksia yhdessä henkioppaiden kanssa. Henkiopas on siis Todellisuudessa oman Korkeamman Itsesi viestintuoja ja symboli, mutta maailman tasolla koen, että he ovat monesti meille tuttuja toisista elämistämme ja usein hyvin monesta elämästä, eli sieluperheemme jäseniä. Opas voi opastaa tietenkin sellaisessa oppiläksyssä, jota nyt harjoittelet ja jonka opas itse on selvittänyt menestyksellä ollessaan maassa fyysisenä. Voi olla, että opas on tekemässä tätä oppaan työtä omien maaelämiensä välillä, tai sitten hän on jo jättänyt Maan piirin, mutta tulee auttamaan jälkeen jääneitä. Monet tähti- ikävää kokevat ihmiset ovat kokeneet, että heidän auttajansa ovat muiden järjestelmien olentoja, joihin opasteta-valla on syvä yhteys.

Joskus henkiopas on paljastunut myös esimerkiksi intialaiseksi Himalajalla parasta aikaa fyysisenä ih-misenä asuvaksi henkilöksi, joka kutsui opastettavaa vierailulle luokseen. Erään kerran minun hoidossani oli myös herra, jonka lukemuksen aikana Äiti Amma ilmestyi silmieni eteen ja sanoi: "Lähetä poikani ko-tiin." Eli Amma tahtoi asiakkaani käymään Intian ashramissaan ja kun asiasta kerroin selvisi, että asiakkaani oli siellä jo ollutkin ja oli aikeissa mennä uudelleen. Hän meni Intiaan ja koki omien sanojensa mukaan voimallisia hetkiä Amman jalkojen juuressa.

## Vainajahengistä

Jos menet vaikkapa taloon, jossa on tapahtunut jota-kin väkivaltaista, voit helposti aistia tuon energian, jos olet herkkä. Vaikka et tietäisi, mitä on tapahtu-nut, voit saada haikuja ja ehkä myös kokea, että joku eksynyt sielu on jäänyt kiinni tuohon paikkaan. Täl-löin voit auttaa tuollaista eksynyttä ja pyytää vaikka-pa omaa enkeliäsi tai tuon eksyneen suojelusenkeliä tulemaan ja viemään vainajan pois, eteenpäin, no-peammin värähteleviin maailmoihin.

Miksi tällaiset eksyneet eivät tule suoraan autetuksi vaikkapa oman enkelinsä tai muiden auttajien toimesta?

Siksi, että he eivät havaitse auttajiaan, eli niitä korkeampien maailmojen asukkeja, vaan nimenomana ihmisten maailman kulkijat. He ovat jumissa eetterimaailmassa tai alemmassa astraalimaailmassa. Näin ollen tuollainen sielu havaitsee sinut, ja sinä toimit ikään kuin siltana, jonka avulla enkelit voivat tehdä itsensä tiettäväksi autettavalle. Näin laitat hyvän kiertämään, eikö vaan. Sivumennen sanoen, aivan jokainen luotu havaitsee vain sen, minkä tahtoo havaita tai sen minkä pystyy uskomusmaailmansa mukaan havaitsemaan. Joten jos ihminen kuolee siinä uskossa, ettei ole olemassa hyvää henkimaailmaa, joka voisi auttaa, niin kuinka hän silloin sellaisia auttajia havaitsisi? Ja jos vaikkapa sinä uskot, ettei ole mahdollista kokea jotakin asiaa,tai edetä missä tahansa asiassa elämässä, niin juuri tuo uskomus estää etenemistä, kunnes muutat mielesi asian suhteen...

Niin, tuollaista eksynyttä sielua ei kuulu pelätä, kuten ei mitään toisten maailmojen olentoja kuulu säikkyä tai yrittää "manata," vaan on hyvä asettua heidän asemaansa.

Miltä sinusta tuntuisi, jos olisit jäänyt jumiin maailmojen väliin, tai jos sinulla olisi jäänyt asiat kesken maailman tasolla ja kokisit, että sinun on ne selvitettävä jälkeenjääneiden kanssa ennen, kuin voit mennä eteenpäin? Yrittäisit ottaa yhteyttä maanpäällä eläviin. Menisit entiseen kotiisi kenties heittelemään tavaroita tai heiluttelemaan lamppuja, jotta sinua kuultaisiin. Unen tasolla voisit yrittää myös asiaasi edistää, mutta jos se ei onnistuisi, niin kenties yrittäisit lähettää läheisellesi ajatusta vaikkapa meediolle menemisestä. Ja monesti näin tapahtuukin ja viesti saadaan toimitetuksi perille.

Toki jos kummittelisit entisessä kodissasi, niin se todennäköisesti aiheuttaisi pelkoa tai ainakin hämmennystä. Vaikka et tarkoittaisi mitään "pahaa", niin tilanne voitaisiin tulkita negatiiviseksi ja sinua yritettäisiin ehkä häätää pois. Minne pois voisit kuitenkaan mennä, jos et tietäisi miten se tapahtuu ja et näkisi auttajia, joita paljon toimii tässä roolissa?

Eli monesti, ja sanon erittäin usein, tulkinta näissä asioissa on virheellinen. Kun keskusteluyhteys vainajaan tai "kummitukseen" saadaan ja asia selviää, niin tila ja tilanne rauhoittuu. Tämän voi tuntea myös energian muutoksena vaikkapa kodissa, jossa tällaista on tapahtunut.

Onko sitten pahoja henkiä olemassa? No katsele ympärillesi vaikkapa suurkaupungissa tai missä tahansa. Eikö ole olemassa kaikenlaisia "henkiä" myös Maan päälle kehollistuneena? Jos henki ei ole rakastava eläessään, miten hänestä tulisi sellainen yhtäkkiä kuoltuaan? Eli kuten monesti sanon; vaarisi ei valaistu kuoltuaan, vaan hän jatkaa jotakuinkin samanlaisena ihmisenä henkimaailmassa. Toki on selvää, että monesti kun aineen taakka poistuu, niin näkökenttä laajenee. Siksi edesmenneet sukulaiset voivat kenties neuvoa meitä joissakin asioissa, mutta tarkemman tai korkeamman valistuksen jättäisi henkioppaiden, enkeleitten ja mestarien leveille harteille.

Joskus elementaaliolennot voivat toimia erikoisella tavalla ja ottaa vallan niitä palvelijoinaan pitävistä ihmisistä. Joskus heitä lähtee mukaan yöllisiltä astaalivaelluksilta. Kohtasin tällaisen olennon, Michelin ukkkoa muistuttavan kaverin, kerran erään asiakkaan mukana. Asiakkaani oli tullut luokseni koska hänen kotonaan alkoi tapahtua outoja asioita, kuten televisio meni päälle itsekseen ja kuului ihan selviä ääniä. Näin, että elementaali oli hänen mukanaan ja tuo olento jopa kollasi minun käsilaukkuani sitä tutkien, jonka keskeytin. Kun rupesin juttuttamaan olentoa, hän kertoi, että tämä nainen oli hakenut hänet niin sanotulla unimatkallaan mukaansa ja

olento luuli, että hän saa "emännältään" ohjeita teh-
dä jotakin.

Olento oli pitkästynyt kun ohjeita ei kuulunut pit-
kään aikaan ja siksi hän oli ryhtynyt vaikuttamaan
sähkölaitteisiin ja muutenkin herättämään huomiota.
Kysyin naiselta halusiko hän siis toimia tällaisen
olennon kanssa, jota mm. shamaanit käyttävät työs-
sään, ainakin joskus olin tällaista havainnut. Nainen
kielsi ehdottomasti, ettei ollut tarkoittanut tuoda tuo-
ta olentoa asuntoonsa ja pyysimme oppaita ja autta-
jia viemään hänet pois. Näin tapahtui.

Astraalisen maailman asukkaita voimme siis aistia
parhaiten keskittymällä Solarchakran värähtelytaa-
juuteen pallean alueella ja kun nousemme hieman
siitä ylemmäs, sydämen tasolle, voimme astia vielä-
kin enemmän juuri henkioppaiden viestintää ja läs-
näoloa.

## Lisää Sydänkeskuksella aistimisesta

Sydän on todellakin rakkauden keskus. Rakkaus it-
seä ja muita kohtaan on aistittavissa hyvin helposti
toisen ihmisen aurasta, samoin sen puute.

Ego voi myös hallita sydämen aluetta, lähinnä pitä-
mällä sen kiinni epäilyksen äänen avulla. Jos epäi-

lemme itseämme, aistejamme ja intuition ääntä, niin helposti paljon intuition toiminnasta menee ohi.

Kun kuljemme sydän auki, saamme monesti kokea sitä samaa myös ympäristöstämme. Metsä todella vastaa huutoomme. Sydämen tasolla tai oikeastaan vielä enemmän sydänkeskuksen ja otsachakran liittoutuessa yhteen voimme kuulla sitä kuuluisaa "sydämen ääntä", josta paljon henkisissä piireissä puhutaan. Sydän puhuu monesti ilman sanoja, vain tunnetilojen kautta.

Kuuntelemalla rintakehän aluetta ihan fyysisen kehonkin kautta, voimme tiedostaa paljon. Jos esimerkiksi joku valintatilanne ja mahdollisen valinnan ajatteleminen aiheuttaa ahdistavan tunteen tai aurassa sulkevan tunnetilan, on vastaus kyseiseen valintaan yleensä EI. Jos taas päinvastoin tunnemme rintakehän ja auran laajenevan ja avautuvan, on vastaus vahva KYLLÄ. Mutta... Aina on otettava huomioon myös ego ja sen pienet kuiskaukset tai hätääntyneet kiljahdukset.

Ego voi toivoa, ettet koskaan astuisi epämukavuusalueelle elämässäsi, vaan toimisit vanhojen tuttujen ja "turvallisten" sääntöjen tai valintojen mukaan... Eli tarkkana varsinkin alkuharjoittelussa on oltava, että todelliset intuition äänet nousevat esiin egon puheen alta. Muistathan, että ego monesti puhuu ensimmäisenä isolla äänellä, sillä sillä on kiire tuoda oma kantansa julki...

Sydämen tasolle keskittyessä voit todellakin jo tuntea henkioppaiden läsnäoloa. Joskus voi kokea myös vaikkapa muiden järjestelmien olentojen läsnäoloa, mutta kun puhutaan vaikkapa Mestareista tai enkelikunnasta, niin katse on käännettävä ylöspäin. Ensinnä tietenkin kurkkuchakran alueelle.

## Kurkkukeskus aistielimenä

Kurkkuchakraan liitetään monesti selväkuuloisuus. Voit kuulla sanoja, lauseita tai vaikkapa unen ja valveen välitilassa musiikkia. Moni ihminen kertoo myös syystä jota en tiedä, kuulleensa lyhyitä paikkansapitäviä opastuksia sanallisesti englannin kielellä, vaikka se ei ole oma äidinkieli. Näin itsekin olen joskus saanut mm. vastauksia lyhyesti korviini liittyen vaikkapa ystäväni terveydentilaan. Kun mietimme mikähän häntä vaivaa, niin korvaani sanottiin selkeästi "kidneys" ja munuaisvaivahan sieltä hetken päästä paljastui.

Olen myös kuullut useankin ihmisen mainitsevan, että englannin kieli on enkelten kieli. Mistä tämä johtuu? Heaven knows!

Kurkkuchakran tasolta paikannan monesti myös henkioppaita ja sanoisinko, niitä korkeamman viisauden omaavia olentoja nimenomaan. Uskon, että Sinäkin voit heitä astia, kun vaan keskityt tämän chakratason värähtelyihin ja kuuntelet.

## Otsakeskus selvänäkemisen ja visualisoinnin työkaluna

Monesti asiakkaani valittavat minulle, että he haluavat "nähdä" mutta eivät näe, vaikka kuinka ovat asiaa harjoitelleet. Moni kertoo myös lapsena olleensa hyvin herkkä, säikähtäneensä jotakin henkimaailman olentoa tai kokemusta, jonka seurauksena näkeminen loppui. Tietenkin ihminen itse on se taho, joka voi sulkea otsachakran ja samoin tapahtuu avaaminen. Päätös on tärkein. Sen jälkeen oma Korkeampi Viisaus alkaa auttaa intuition ja selväaistien avautumisessa, JOS se on tarpeen.

Ei todellakaan jokaisen ihmisen ole tarpeen olla selvänäköinen, ainakaan henkisen polun alkupuolella. Päinvastoin, selväaistien liian varhainen avautuminen voi vielä henkistä kasvua väärille urille. On hyvä myös HYVIN tarkasti tiedostaa vastuu, silloin kun aistit alkavat avautua. Toisille ei ole tarpeen möläytellä asioita varsinkaan, jos he eivät ole tietoisia tai itse kysyneet asioista tai energioistaan. Monesti "näkijä" voi nähdä oikein, mutta tulkita väärin. Harjoitusta siis tarvitaan, runsaasti. Toki riittää, että on hyvä tahto ja tekee parhaansa, sillä jokaisella on oma henkinen polkunsa, kaikkine kokemuksineen.

Tässä kohtaa lienee hyvä mainita myös voimakkaista valoista, vannomisista tai päätöksistä, jotka näkyvät aurassa. Jos joskus, jossain ajassa ja paikassa henkilö on vannonut vaikkapa köyhyysvalan tai kokenut vaikkapa selvänäkemisen seuraukset ikävällä tavalla, on hän voinut päättää sulkea tuon aistin. Päätös ja vala, olipa sen sisältö mikä tahansa, on mahdollista purkaa ja purkamistyön tekee henkilö itse.

Hyvä on myös oivaltaa, ettei kaikkien ihmisen kohdalla näkeminen ole se oma henkinen aisti, vaan kuten NLP opettaa, on kaikilla ihmisillä jokin maallinenkin aisti voimakkaampi kuin muut. Samoin on henkisten aistien laita. Voimakkaan sydänchakran omaava ihminen tuntee, kurkkuchakran kohdalla selväkuullaan, otsakeskuksella nähdään ja toki esimerkiksi alempien chakrojen alueella voi esiintyä vaikkapa selvähaistamista... Monet kertovat aistivansa vaikkapa tupakan hajun, kun edesmennyt tupakoiva ihminen tulee luokse ja jos vaikkapa tapaa seurustella enkelien kanssa, voi aistia vaikkapa ruusun tuoksun.

Minulla otsakeskus on ollut jo pitkään voimakkain aistimisen keskus, mutta sanoisin, ettei aistiminen ole kohdallani pelkkää näkemistä, vaan hyvin monenlaista kokonaisvaltaista eläytymistä. Chakrojen ja auran kautta saa paljon tietoa, kun vain osaa etsiä. Meissä todellakin ON kaikki.

Myös kanavointi on osa selväaistimista ja sitä itse olen runsaasti harjoittanut vuosien saatossa. Henkioppaitten kanavointi tapahtuu tavalla, jota on vaikea sanoin kuvata. Ikään kuin vain kaksi tietoisuutta sulautuu yhteen ja kaikki on hyvin luonnollista.

Telepatian sanotaan olevan tavanomaisempia henkisiä taitoja ja se taitaa pitää paikkansa. Koen, että myös eläinkommunikointi voi onnistua ja onnistuukin juuri tällä tavalla telepatiaa käyttäen.

Itse olen myös kanavoinut kirjoja ja pidempiäkin kirjoituksia asiakkailleni heidän oppailtaan. Kanavoinnin lähteen huomaa helposti tekstiä lukemalla, eli lähde on usein ihmisen oma alitajunta, mutta toisaalta, meissä on kaikki, joten ehkäpä oppaatkin "sijaitsevat" alitajunnassamme tai paremminkin tietoisuutemme avaruudessa. Otsakeskuksen tasolla voimme astia niin mestareiden kuin enkelikunnankin läsnäoloa. Samoin jotkut henkioppaat sekä tähteläiset rodut ilmentävät itseään tuolla taajuudella.

## Kruunukeskuksen aisti on tietäminen

Kun kruunukeskus toimii, aistisi on sellainen, että vain TIEDÄT asioita, tietämättä mistä tieto tulee. Usein ei enää ole edes tarvetta ymmärtää tiedon lähdettä enää, varsinkin jos olet jo oppinut luottamaan Itseyteen ja omaan polkuusi. Tietämisessä esimerkiksi arjen toiminnoissa, voit mennä oudon kaupan ovelle ja pyytää että ohjaudut suoraan kohtaan, jossa tietty haluamasi tuote on ja näin tapahtuu. Säästyy paljon askelia ja aikaa, jos näin tahdotaan :)

Tietäminen on myös olemista yhteydessä omaan Korkeampaan Itseen, jonka symboleita koen esimerkiksi enkeleiden olevan. Jos tarvitsemme vielä jonkinlaisen muodon viestin tuojaksi, niin sellainen meille luodaan (eli itse sen luomme) mutta kun muotoja ei enää tarvita, ilmestyy suora tieto tiedostamisesi kenttään hetkessä.

Kruunun kautta olemme yhteydessä myös pään yläpuolisiin chakroihin ja niiden edustamiin "maailmoihin." Kruunu on myös reitti ylös Tähtiporttiin, joka on tärkeässä roolissa valokehon aktivoimisessa parinsa Maatähden kanssa.

Aiemmassa luvussa kerroin pään yläpuolisista chakroista. Seuraavassa muutama helppo harjoitus auran eli chakrojen aistimiseen.

# PIENIÄ HARJOITUKSIA AISTIMISEEN

Chakrat avautuvat sekä eteen-, että taaksepäin ja muodostavat aurakentän kehon ympärille. Energiakeskuksiin liittyvät nopeasti eri taajuuksilla värähtelevät energiakehot ovat aistittavissa intuitiivisesti tai henkisillä aisteilla. Aurassa on yleensä yksi tai kaksi pääväriä, joita voit myös oppia aistimaan ihmisten ympärillä tai itsessäsi. Nämä värit kertovat mitkä chakrat ovat henkilöllä vahvimpia. Myös puilla, kasveilla ja eläimillä on aura. Ensimmäinen kirkas valoisa kenttä on erittäin helppoa oppia näkemään tai aistimaan. Ja jälleen kerran... Kaikessa aistimisessa MIELI on se, joka aistii, eli voit "nähdä" silmät auki tai kiinni, aivan kuten uskot, ja aivan kuten valitset. Lähdepä vaikka kulkemaan metsään ajatuksena nähdä puiden auroja. Katsele hieman ohi mieluummin kuin suoraan päin kohdetta, niin tuloksia syntyy paremmin.

Hieno keino harjoitella auran ja chakrojen näkemistä leikkimielisesti vaikkapa ryhmässä, on laittaa yksi henkilö istumaan valkoista seinää vasten ja vain avautua auran näkemiselle ja aistimiselle. Myös musta tausta toimii ja jännän äärellä ollaan, kun muut keskittyvät katsottavaan auraan ja joku sammuttaa valot huoneesta, johon tulee täysin pimeää. Tässä kohtaa aura yleensä nähdään todella voimakkaasti loimuavana ja katsojat hämmästyvät.

Eräs tapa aistia aura ja sen eri kerrokset, jotka siis liittyvät tietenkin eri chakroihin, on sellainen, että yksi henkilö istuu huoneen perällä ja hän joka aistii, lähestyy hyvin hitaasti käsillä aurakenttää tunnustellen. Yleensä jokainen aistii jotakin, eli lähinnä ainakin eetterikentän ja tunnekehon rajat. Mentaalinen kenttä on jo hyvin laajalla ja ehkä vaikempi aistia. Yleensä tällaisessa harjoituksessa ihmiset yllättyvät kuinka SUURI ihmisen aura on, eli normaalissa pienehkössä tilassa emme voi edes astua toisten ihmisen aurojen ulkopuolelle, vaan kausaalikenttä (kollektiivinen mieli) ja buddhinen sekä sitä korkeammin värähtelevät auran osat ovat hyvin laajalla alueella ja tietenkin ne ovat toisenlaisissa värähtelyn maailmoissa, mutta niitä voi kuitenkin aistia myös fyysisen kehon antenneja apuna käyttäen.

On kiinnostavaa myös tiedostaa erilaisten ihmisten ja aurojen erilaiset energiatyypit.

Esimerkkinä vaikkapa tiedemies ja taitelijatar; tiedemiehillä ja myös naisilla, joita äly ja rationaalinen mielenosa ohjaa, on aura monesti sinertävä ja sen energia on hyvin koossa pysyvää ja hallittua. Monesti tiedemiehen tai analyyttisen naisenkin aura voi olla kapea ja koossapysyvä, tarkkareunainen. Taiteilijoilla taas on paljon luovaa energiaa ja monesti he ovat myös herkästi tuntevia ja halaavia ihmisiä. Sydänkeskus on auki, aura voi olla hyvin laaja, vihertävä tai siinä on paljon tunnechakrojen värejä. Energia on monesti hieman hajanaista, pumpulimaista ja aura ei ole tarkkarajainen.

Kaiken kaikkiaan kaikilla ihmisillä energian kuuluu liikkua ja virrata, jotta ihminen voi hyvin ja kokee olevansa kiinni elämään virrassa.

Joskus kun katsottavan aurassa on reikiä, voidaan tulkita, että energia karkailee sieltä ja tämä voi aiheuttaa monenlaisia ongelmia. Monesti päihteitä käyttävillä henkilöillä voi olla aurassaan reikiä.

Yksi hyvä leikki aiempien elämien katsomiseen on myös pareittain istua vastapäätä toinen toistaan ja vain avautua... Voisi sanoa yleensäkin, että aurasta nousee asioita esille ja on hyvä myös olla avoin siten, ettei mielessään rajaa liikaa sitä, mitä tahtoo katsoa.

Kaiken kaikkiaan harjoitus tekee mestarin ja tämänkaltaisia harjoituksia ei ole syytä ottaa liian vakavasti, huumoria hattuun siis.

Muutenkin energioiden aistiminen on hauskaa puuhaa. Kun esimerkiksi menet kirkkoon tai vaikka baariin, on hyvä olla tietoinen, millainen energia paikassa vallitsee. Joillakin luonnonpaikoilla on äitimaan chakroja, eli hyvin voimakkaat energiat, jotkut paikat taas ovat luotaantyöntäviä tai neutraaleja. Vanhat rakennukset taas keräävät omaan auraansa kaikkea mahdollista, mitä talon seinien sisällä on tapahtunut, eli rakennusten ja tavaroittenkin auraa pystyy lukemaan; matkustamaan aikakerroksissa ja niin edelleen. Tätä esineitten lukemista kutsutaan psykometriaksi.

Puut ovat myös todella tehokkaita tiedon säilyttäjiä, varsinaisia luonnon kirjastoja siis. Varsinkin vanhat puut, jotka ovat eläneet vaikkapa vuosisatoja, ovat hyvin viisaita. Eikä tarvitse olla druidi lukeakseen puita, kokeile vaikka!

Tämän luvun voisin päättää ajatukseen siitä, että voisiko olla niin, että aivan kaikki on elävää ja aivan kaikki värähtelee...? Kaikkea voi oppia "lukemaan" ja intuitio ohjaa voimakkaasti kun siihen luottaa. Elämästä maan päällä tulee seikkailu eli onnellinen uni ja siten unesta herääminen tulee kevyemmäksi ja helpommaksi. Kun öisin näemme tietoista eli selkounta, me tiedämme; "Olen nyt unessa ja voin vaikuttaa uneni tapahtumiin... Voin luoda mitä tahdon..." Oletko kokenut tämän?

# UNEKSIMME PÄIVIN JA ÖIN

Minä olen selkounia kokenut ja kokeillut öiseen aikaan melko paljonkin. Saman voi siirtää myös arkeen eli päiväuneemme. Siinäkin voimme todeta Intian viisaiden tavoin: Tämän täytyy olla unennäköä eli Mahamayaa, joka tapahtuu mielessä... Siksi voin tässäkin unessa luoda mitä tahdon...". Näin meistä tulee manifestoinnin mestareita. Mutta toivon ettei asia jää vielä tähänkään. Tietoisen unennäön tarkoituksena on lopulta herättää uneksija huomaamaan KUKA unta näkee, eli kuka sinä olet. Ja lopulta tuon asian kysyminen eli ulospäin virtaavan tietoisuuden kääntäminen sisälle päin, herättää illuusion ja erillisyyden unesta.

Uskalla siis epäillä sitä, mitä aisteillasi havaitset. Aistit eivät itsea siassa havaitse mitään itsenäisesti, vaan mielesi päättää mitä havaitset ja mitä se tarkoittaa... Eli annat kaikelle havaitsemallesi sen merkityksen, joka sillä sinulle on. Kukapa muukaan tuo merkityksen antaisi? Annatko sen siis "itsenäisesti" vai niihin uskomuksiin perustuen, mitä olet ottanut vastaan ikään kuin omanasi pitkin nykyistä inkarnaatiotasi ja kenties monia muita elämän tarinoita? Uskomukset eivät ole totta. Ne syntyvät meille varsinkin lapsuudessa vanhempien, isovanhempien, kulttuurin ja uskonnon syöttäminä ajatuksia, jotka hyväksymme totuuksina pureskelematta niitä sen enempää, ELLEMME ole tiedostavia.

Tiedostava mieli kyseenalaistaa uskomuksiaan; Onko tämä totta? Kenelle tämä on totta, jos se totta on? Kuka olen, mistä tulen ja minne olen menossa? Jokainen rooli, jonka olemme omaksuneet, on loppujen lopuksi tutkittava uudelleen. Olenko minä todella roolini, vai joku joka näyttelee niitä? Miksi jatkan niiden näyttelemistä? Miksi roolini suhteessa erilaiseen ympäristöön tai eri ihmisiin ovat erilaisia?

Nämä ovat kysymyksiä, jotka lopulta herättävät siitä unesta, jossa vielä automaatioihmisinä elämme. Roolien, naamioiden ja suojausten kariseminen voi olla tuskallinenkin prosessi, mutta se on myös pakollinen osa todellista henkistä tietä ja heräämistä ja se on todella VAPAUTTAVA prosessi.

Koskaan ei ole liian myöhäistä aloittaa itsensä havainnointi. Mistä ajatukset tulevat? Oletko sinä yhtä kuin ajatuksesi ja tunteesi, joita ajatuksiin samaistuminen herättää?

Kuka itseasiassa olet todella? Onko se henkilöhahmo, jota esität näytelmässä nimeltä elämä, todellinen identiteettisi?

Chakroihin liittyvät erilaiset energiakehomme uneksivat erilaisia unia myös yöaikaan. Oshon kirja nimeltä "Esoteerinen psykologia" kertoo tästä todella hyvin ja paikkansa pitävästi.

## Pieni tiivistelmä eri kehojemme unista

Fyysinen keho näkee unia, jotka liittyvät suoraan sen aistimuksiin. Esimerkiksi kun olemme kääntyneet asentoon, jossa tyyny on osin kasvoillamme, voimme uneksia että olemme tukahduttavassa tilanteessa ja jos vaikka meillä on nukkuessamme vessahätä, näemme unta wc: n etsimisestä...

Eetterikeho, joka on fyysisen kaksoiskappale, voi irrota yön aikana kehosta ja hyvin usein näin tapahtuukin. Kehosta irtautuminen on erittäin yleistä unien aikana, vaikka emme sitä muistaisikaan herättyämme. Yleensä jos näemme vähän ennen heräämistä unta, jossa putoamme, olemme palaamassa tuossa kohtaa takaisin fyysisen kehon tietoisuuteen. Eetterikeho voi matkustaa paikassa, eli tämän meidän fyysisen maailman, maapallon kaksoiskappaleessa, mutta se ei voi siirtyä ajassa menneeseen tai tulevaan. Voit esimerkiksi irrota yöllä kehostasi ja matkustaa Egyptin pyramideille ja nähdä ne sellaisena kuin ne nyt ovat. Tätä muuten tapahtuukin yllättävän paljon. Pyhillä maaäidin chakrapaikoilla käy kuhina yönkin aikaisista turisteista!

Ja tähän aasinsiltana muistutus siitä, että kyllä! Äitimaallakin On omat chakransa ja näille paikoille ihmiset ovat monesti rakentaneet temppeleitä ja muita pyhiä paikkoja, pyhiinvaelluspaikkoja, varsinkin muinaisina aikoina.

Astraalikehomme matkailee myös paljon unien aikana. Voimme sen avulla matkustaa myös erilasille paikoille, mutta ei vain sellaisina, kuin millaisia ne nyt ovat, vaan myös menneisyyteen. Aikakone sijaitsee todellakin meissä itsessämme, kuten kaikki muukin.

Jos esimerkkinä nukut uudessa talossa ja irtoat astraalitasolle tuon kaltaisessa kehossa, voi olla, että saman tien havaitset ympäristön muuttuvan. Oletkin talossa, joka sijaitsi tuolla paikalla ennen nykyistä taloa. Tällaistakin on tullut koettua.

Nämä eri energiakehojen unet ja tasot sekä niissä liikkuminen, ovat myös osa Planetaarista Vihkimystietä ja sen harjoituksia. Jossain vaiheessa voit havaita toimivasi yöaikaan astraaliauttajana tai muuten tekeväsi työtä sekä öin, että päivin...

Mentaalikeho, yksilöllisesti koettuna, voi myös irrota fyysisestä tomumajasta ja kuljettaa sinut, ei vain menneeseen vaan myös tulevaisuuteesi. Eli kyse on yksilöllisestä tulevaisuudesta. Meillä voi olla vaihtoehtoisia tulevaisuuksia tai rinnakkaisia mahdollisuuksia ja näitä voit tutkia, jos sinulla on toimiva mentaalinen keho ja olet oppinut kuinka sitä käytetään. Tällaiseenkin opiskeluun voimme saada apua henkimaailman ystäviltä.

Aiemmin mainitut kehot kokemuksineen liittyvät siis sinun henkilökohtaiseen yksilölliseen kokemukseesi. Kausaalikehon unet taas liittyvät kollektiivisiin arkkityyppisiin kokemuksiin. Voit uneksia vaikkapa kansakuntien tulevaisuudesta. Näitä mm. Suuri Suomalainen unikirja kutsuu suur -uniksi.

Buddhinen keho ja Nirvaaninen keho vievätkin sitten täysin erilaisille olemassaolon taajuuksille, ajan ja paikan, tai sanoisinko aikojen ja paikkojen tuolle puolen. Voit uneksia autuudesta, tyhjyydestä, olemisesta ja ei-olemisesta. Ja tarkoituksenahan on siis herätä, kokonaan, täysin, kaikista unista ja olla vapaa.

Kehot ovat käyttövälineitä. Sinä Itse et ole mikään keho, et edes se Nirvaaninen.

Chakrojen kannalta katsoen totuuden airut olemuksessamme on voimakas elämän energiamme Äitikundaliini. Tästä voimasta on liikkeellä paljon huhuja, pelkoja ja harhaisia uskomuksia. Toivottavasti voin seuraavan luvun aikana hälventää niitä edes hieman.

## SISÄINEN RAKAS - ÄITIKUNDALIINI

Henkisen kasvun päämäärä on Itsetuntemus ja sitä se on nimenomaan isolla I– kirjaimella kirjoitettuna. Itsellä tarkoitan Korkampaa Itseä, en siis valheellista persoonaa eli ego-mieltä, jota suuri osa ihmiskunnasta vielä erehdyksessä pitää omana itsenään.

Itsetuntemuksen tarkoitus on siis saavuttaa Itseoivallus ja sen jälkeen Jumaloivallus eli valaistuminen. Tässä sisäinen energiamme, eli Kundaliinivoima, astuu kuvaan oleellisesti. Kun käärmevoimaksi kutsuttu kundaliini herää kandan alueelta, joka sijaitsee häntäluun ja napachakran välillä, se nousee yleensä pitkän aikaa edestakaisin siihen chakraan saakka, jossa olemme menossa henkisessä kasvussamme. Tavallinen henkilö, joka ei ole ns. henkinen juuri lainkaan, elää kolmen alimman chakran alueella. Hän rakastaa kyllä helposti omia läheisiään ja pitää heistä huolta, mutta kun on kyse laajemmasta universaalista rakastamisesta tulevat "me vastaan he" ajatukset monesti tässä esteeksi.

Sydäntietoisen ihmisen kohdalla kundaliini on jo saavuttanut sydänkeskuksen avaten meitä pyyteettömälle rakkaudelle ja kun tuo voima nousee sydämen yläpuolisiin keskuksiin saakka, niin varsinainen henkinen kasvu saavuttaa läpimurron ja yhteys sinne Omaan Korkeampaan Itseen avautuu Vihkimysten tiellä, jota me kaikki tavalla taikka toisella kuljemme.

Kurkkuchakran kohdalla sanotaan olevan suuri muuri, liittyen tämän sisäisen valon ja voiman nousemiseen. Siten tuolla kohtaa saatamme viipyä pidempään. Huomaathan, että tuo chakra liittyy voimakkaasti myös omaan totuuteen ja sen takana seisomiseen ilman kompromisseja. Kuitenkin se tarkoittaa myös, että osaamme puhua tai vaieta kun sen aika on. Eli emme puhu silloin, kun tilanne vaatii vaikenemista (juoruilu yms...) tai emme jätä puhumatta silloin, kun koemme, että pitää ilmaista totuus tai ilmaista itseään. Oikea ominaisuus ilmaistuna oikeaan aikaan oikeassa paikassa, on Vihkimystiellä tunnettu koetus, varsinkin tässä kurkkuchakran kohdassa.

Kun olemme meditoineet ja vahvistaneet chakroja kestämään korkeita taajuuksia, voi kundaliini nousta otsachakraan avaten sitä voimakkaasti. Tietenkin tästä kundaliinin noususta eri keskuksiin on seurauksena myös niitä aiemman luvun erilaisia yliaistillisia kykyjä, mutta tärkein seuraus otsakeskukseen nousseella kundaliinivoimalla on tuoda siemeninen samadhi, eli syvä Itseoivalluksen tila. Sinä oivallat, KUKA olet persoonan tai egoon samaistumattomuuden taustalla. Oivallat olevasi YKSEYS, yhtä kaiken olevaisen kanssa.

Oivallat, ettei tuo "kaikki" ole ulkopuolellasi, vaan sisälläsi. Ettei ole olemassa mitään sellaista kuin ulkopuoli, sillä missä tietoisuuden ulkopuoli voisi olla? Kaikki on tietoisuuden sisällä ja sinä olet tuo tietoisuus tai paremminkin Tiedostaminen, koko sen kenttä, vailla havaitsijaa JA kohdetta. Et ole jakautunut osiin, olet ehyt ja kokonainen. Todellinen Itse.

Siemeninen samadhi on siksi siemeninen, että egon siemen on edelleen olemassa ja matka Jumaloivallukseen on vielä kuljettava, ennen kuin egon siemenkin häviää.

Jumaloivallus saapuu avoimeen mieleesi, kun kundaliini saavuttaa Kruunuchakran ja nousee sen yläpuolellekin. Silloin et enää rukoile Jumalaa itsesi ulkopuolisena "olentona" vaan oivallat, että Jumala ja Sinä Itse olette Yksi. Sanat eivät voi tätä totaalisen todellisuuden tilaa kuvata, mutta kun koet sen, niin tiedät, että olet sen kokenut.

Voi kulua vielä aikaa, että tuo tila jää pysyväksi, sillä olemme matkalla, jossa saamme yleensä pikkuhiljaa ihania reikiä mieltä peittävään harhan huntuun. Näistä rei'istä se totuuden valo loistaa ja vähitellen huomaamme, että rei'istä tulee yhä isompia. Kunnes, huntu tippuu kokonaan päältämme ja me Olemme Oma Itsemme, samaistumatta harhaan enää lainkaan.

Mitä harha tarkoittaa? Kaikkea mikä ei ole totta. Eli niitä uskomuksia, ajatusmalleja, emootioita eli tahmeita tunteita, joita ns. väärät ajatukset aiheuttavat. Harhoja meille tarjoilee runsaasti väärä mielemme osa eli ego, joka uskoo erillisyyteen, hyökkäykseen ja puolustautumiseen. Mutta ihana asia on, ettemme OLE ego sen edustamine uskomuksineen. Samaistumattomuus siihen tuo valon tietoisuuteen ja alamme huomata sen todellisen itsemme, eli hengen läsnäolemisen. Alamme tekemisen ja suorittamisen sijasta arvostaa enemmän OLEMISTA. Arvostamme läsnäolon voimaa ja hiljaisuutta, enemmän kuin melua ja touhotusta.

Kun Äitikundaliini eli intialaisittain Shakti on noussut viimein sinne pään yläpuolelle yhtyäkseen Isä Shivaan, olemme vapautuneet jälleensyntymän pakosta ja eräs tärkeä osa maanpäällistä Vihkimystietä on loppuun saatettu.

Kundaliini sanaakin on pelätty monesti niiden tarinoiden takia, joita ihmiset ovat kertoneet koettuaan tuon voiman heräämisen liian varhain, eli valmistautumattomina. Jotkut voimakkaat hengitysharjoitukset ja jopa vaikkapa astangajooga voi toki herätellä kundaliinia, mutta itse olen kokenut, että jos ihminen on maadoittunut ja mielenterveys on kunnossa, ei ole nykyajassa enää vaarallista nostaa kundaliinia esimerkiksi joogan tai hengittelynkään kautta, mutta aina on hyvä muistaa se kohtuus kaikessa.

Ei ole syytä tehdä mitään väkisin. Kundaliini ON sisäinen rakkaamme. Se on Todellisen Itsemme energiaa ja voimaa ja koen, että se on luovuuden lähde ja tietenkin ilmenee luovuutena, seksuaalisuutena ja monena muuna elämän luonnollisena energiana. Kundaliinia on kahta lajia. Kundaliini prana on nähtävissä itse asiassa kaikessa, mitä havaitsemme maailmassamme. Kaikki muodotkin muodostuvat siitä. Kundaliini shakti taas on dynaamisessa muodossa esiintyvää käärmevoimaa. Se on tuo chakroja avaava virtaava tulinen nektari, joka tuo lopulta vapauden siitä pranan ja mielen luomasta maailmailmiöstä.

Sisäisen viisauden ja voiman kanssa voi oppia kommunikoimaan vaikkapa meditaatioiden kautta. Siihen on hyvä ottaa ja saada tietoinen yhteys. Kundaliini Ei ole sokea voima, joka nousee ja laskee sattumanvaraisesti, vaan sillä on oma rytminsä ja viisautensa. Voisin jopa sanoa, että se kyllä tietää mitä SE tekee...Jos emme olentona eli egona yritä alkaa keinotekoisesti sitä ohjailemaan.

Koen, että Kristinuskon Pyhä Henki, joka kuvataan ja koetaan hyvin tulisenakin voimana, on pyhän kolminaisuuden Äiti. Eli Isä-, Poika- ja Äitikundaliini muodostavat pyhän kolme, joka on kaikissa todellisissa henkisissä järjestelmissä sekä uskonnoissa tuttu kolminaisuuden käsite. Intian viisaus tuntee Brahma-Vishnu-Shiva kolminaisuuden lisäksi myös muita pyhiä kolminaisuuksia, kuten vaikka Sat-Chit-Ananda, jolla nimitetään tilaa, jossa olemme Oma Itsemme; Oleminen-Ilo-autuus.

Jos siis kundaliinin nostaminen kiinnostaa sinua, niin ota yhteyttä meditaatiossa tähän sisäiseen voimaasi ja kuuntele mitä SE neuvoo sinua tekemään, tai olemaan tekemättä.

Itse olen tällä hetkellä taas pitkästä aikaan kundaliinijooga -kurssilla, vaikka olen aiemmin (ja koko ajan) kokenut yhteyttä sisäiseen rakkaaseen. Mantrojen laulaminen ja yhdessä hengittäminenkin ovat mukavia kokemuksia, jos sellainen sinuakin kutsuu.

Kirjallisuudessa ja Youtubessa on paljon höpöä asiaa kundaliinista, joten sinulle suosittelen vanhaa todella asiasta perillä olevaa lähdettä: Swami Sivanandan

Kundalini Yoga -kirjaa, joka on myös suomennettu. Tuossa teoksessa on ehkä hieman huvittaviakin eli vanhoja joogeihin liittyviä tekniikkoja, mutta kokonaisuutena kirja kertoo erittäin selvästi, mitä kundaliini on ja mitä se ei ole. Joten vahva suositus!

## TANTRAN TIE

Koen seksuaalisen tantran tien liittyvän voimakkaastikin Äitikundaliiniin eli Jumalattaren hyväksyvän rakkauden henkiseen polkuun.

Tantra ei ole vain paritantran seksuaalisia harjoituksia, vaan nimenomaan elämisen tapa kaikessa, arjessa. Kun olet aistien kautta LÄSNÄ, et ole mielen maailmoissa hyppimässä menneen ja tulevan mielikuvitusmaailman välillä. Olet siinä missä kehosikin on ja vaikka tarkasti ottaen kehosikin on osa sitä suurta harhaa, eli Mahamayaa, josta aiemmassa luvussa kerrottiin, niin kuitenkin voit käyttää aisteja tuodaksesi itsesi läsnäolon tilaan.

Tantran tie käytännössä on HYVÄKSYMISEN ja rakkauden tie. Et arvostele, tuomitse tai vaadi itseltäsi tai muilta, vaan huomaat, että kaikki ON sellaista kuin se on ja kaiken voi nähdä anteeksiantavin silmin.

Esimerkiksi Rajajoogassa pyritään kouluttamaan mieltä ja Hathajoogassa kehon notkeus tuo mieleenkin notkeutta. Tämä hyvin yleisenä esimerkkinä. Mutta Tantrinen tie joogalajina on Bhakhtijooga, eli Sydämen tasolla oleminen, ANTAUTUMINEN korkeimmalle.

Haluaako ego antautua? Ego haluaa taistella, paeta tai hyökätä, ei antautua. Egomme haluaa tietää aina paremmin ja olla aina jotakin "enemmän" tai erityisempää. Siten antautumisen tie on todella tehokas keino voittaa egoistisia luonteenpiirteitämme ja kyseenalaistaa niitä. Kun huomaamme, ettei meidän tarvitse itse kantaa itseämme, vaan Korkein kantaa meidät kuten kaiken muunkin, se on suuri helpotus Sinulle ja Minulle, vaikkakaan ei egolle, joka tahtoo olla päällepäsmäri.

Kosminen tantra on eri asia kuin seksuaalinen perinteinen tantra ja on hyvä oivaltaa, ettei tantrisiin harjoituksiin, esim Budhhalaisuudessa, tarvita välttämättä kahta ihmistä, vaan tuo kaksikko löytyy itsestämme, kun elämme vielä dualismissa. Toinen ihminen voi kuitenkin tehokkaasti peilata osaa itsestämme, olla tuon sisäisen itsemme ulkoinen kuva, ja siten tehokas kasvukumppani tiellämme.

Jos et ole koskaan kokeillut tantrisia harjoituksia, voit tehdä niin hyvin yksinkertaisesti vaikkapa suklaameditaation keinoin. Mikä tahansa herkkupala, vaikkapa mansikka, voi korvata suklaan.

Eli tee syömisestä meditaatio hidastamalla huomattavasti tahtia. Laita herkkupala suuhusi, älä pureskele, ole vain hyvin tietoinen siitä mitä tapahtuu. Miltä tuo herkku maistuu, miten suusi kehittää sylkeä ja miten makuaisti toimii. Koe halusi pureskella tai liikuttaa herkkua suussasi, mutta älä heti taivu tuohon haluun...

Lopulta, ellei herkku ole sulanut jo suuhusi, voit myös pureskella, mutta hyvin hitaasti. Missä tahansa asiassa voit tehdä kaiken TIETOISEMMIN JA HITAAMMIN.

Rakastele tietoisesti kumppanisi kanssa, vaikka ette ns. tantraisikaan. Jos tiskaat astioita käsin, tee sekin hyvin tietoisesti. Koe veden lämpö, sen liike, omat kätesi, pesuaineen vaahto... Ymmärrät varmasti, mitä tarkoitan. Ja pian huomaat, että koko arkesi voi olla meditatiivinen kokemus. Olet enemmän hereillä ja vähemmän mielen maailmoissa.

Seuraavista luvuista löydät kaikista yleisempiä arkkityyppisiä energioita, joita jokainen ihminen kantaa sisällään ja joiden hyvinvoinnista meissä meidän itse on tärkeää pitää huolta,jotta voimme hyvin kokonaisuutena. Nämä arkkityypit tulevat esiin yleensä chakroja katsottaessa. Tärkein niistä on...

## SISÄINEN LAPSI

Kun katson chakroja, tulee sisäinen lapsi vastaan lähes poikkeuksetta. Jokaisella ihmisellä on tuollainen lapsi sisällään ja lapsi on todellakin tunteiden tulkki. Lapsi on yleensä aina sen ikäinen, jolloin henkilö on kokenut jotakin eniten tunteisiinsa vaikuttavaa, olipa se trauma tai joku hyvin postiiviinen kokemus.

Esimerkiksi vanhin minulla käynyt asiakas oli noin 90 vuotias rouva. Hänen sisäinen lapsensa eli edelleen sodan ja pommitusten aikaa ja riippumatta näiden kokemusten jälkeisistä kokemuksista, lapsen sotakokemukset vaikuttivat hänessä voimakkaasti edelleen tuolloin kun tapasimme. Itku oli hyvin herkässä kun kerroin, mitä hänen sisäisestä lapsestaan näin.

Itse näen lapsen liittyvän yleensä tunnechakrojen alueelle. Hän "asuu" alimmissa chakroissa tai sydämessä. Monesti lapsi on yksinäinen, peloissaan tai muuten eristetty. Jo pelkästään sisäisen lapsen luovuuden ja ilon typistäminen aikuisuuden myötä aiheuttaa monenmoisia tunne- ja käytösmallejakin. Lapsen kuuluu saada leikkiä ja seikkailla, turvallisesti.

Kun sisäinen lapsi on hyvin turvaton, on hän kokenut lapsuudessaan turvattomuutta aiheuttavia kokemuksia peruschakran alueella. Kun lapsi on tunteiltaan estynyt tai liian ripustautuva, on kyseessä monesti vaikkapa seksuaalisuuteen liittyvä trauma tai kokemus, joka on jäänyt selvittämättä. Tällainen asia näkyy monesti navan eli sakraalichakran alueella.

Hylkäämiset, latistamiset ja muut henkiset tai fyysiset väkivallan kokemukset näkyvät monessa chakrassa, mutta ehkä eniten Solarissa, sillä ne vaikuttavat monesti hyvin paljon ihmisen omakuvaan, itsetuntoon ja omassa voimassa pysymiseen. Ihminen voi kokea, että "muut" edelleen alistavat häntä tai pitävät kynnysmattonaan. Henkilön voi olla tällaisten lapsuusajan kokemusten takia vaikea puolustaa itseään ja uskoa itseensä.

Vastaavasti lapsi, jota on kehuttu ja kannustettu lapsuudessa, kasvaa vahvemmaksi myös aikuisena siten, että hän luottaa itseensä ja pitää hyvää itsetuntoaan "normaalina" asiain tilana. Joskus taas liika kehuminen ja se, että lapsen on annettu kasvaa pellossa, eli häntä ei ole kielletty mistään, tuo turvatto-muutta ja tarvetta löytää turvalliset rajat jollain ta-valla aikuisena. Lopulta tuollaiset turvalliset rajat voivat löytyä vankilan muureista. Tämä on toki ääri-esimerkki, mutta olen senkin nähnyt useasti aiem-man työni aikana. Tuo työ sijoittui rikosten ja oikeu-den maailmaan. Myös koulukotilasten ja nuorten pa-rissa olen työskennellyt ja tehnyt havaintoja siitä, miten turvattomuus näyttäytyy kouluiässä ja sen jäl-keen.

Kun lapsi kasvaa ilman rajoja ja toisten ihmisen kunnioitusta, hän ei monesti opi ymmärtämään mi-ten hänen käytöksensä vaikuttaa muihin. Tästä voi syntyä myös nykyisin paljonpuhuttu narsistinen per-soona, joka hakee huomiota väärillä tavoilla muita pompottelemalla tai jopa alistamalla.

Sydänkeskuksessa "asuva" sisäinen lapsi on monesti nuori, eli murrosikäinen, joka ei ole tullut ymmärre-tyksi ja hyväksytyksi. Hän kokee erillisyyttä ja tuo tunne on mukana aikuisessa hänessä myös. Kyky ra-kastaa itseä ja muita lähtee aina kyvystä rakastaa it-seään aidosti, hyväksyen. Jos lapsi tai nuori ei ole tullut rakastetuksi, hän ei ole saanut peilejä omalle rakkaudelleen itseään kohtaan. Monesti silloin esi-merkiksi sisäinen puhe on hyvin vaativaa ja jopa la-tistavaa. Vaatimukset omaa itseä ja suorituksiaan kohtaan voivat olla täysin yliampuvia ja jopa itseinhoa esiintyy aikuisessa samalla tavoin, kuin joskus murrosikäisissä.

Kurkkuchakran tasolta sisäinen lapsi voi myös löytyä, vaiennettuna. Jos lapsi ei ole saanut kertoa omia mielipiteitään tai tunteitaan ääneen vaan ne on torpattu, on kurkkuchakra kiinni ja aikuinen, jolla on tällainen sisäinen lapsi, ei edelleenkään välttämättä uskalla ilmaista totuuttaan tai kertoa asioistaan luottamuksen puutteessa. Jos ihminen on kohdannut paljon tällaisia vaikeita kokemuksia lapsuudessa, on torjunnasta ja muista selviytymiskeinoista tullut automaattisia. Kehoon (kehoihin) säilötään paljon käsittelemätöntä tunne-energiaa ja loppujen lopuksi tuo energia voi vaikka sairastuttaa ihmisen, ellei hän pura tunnekuonaa pois. Purkamiseen hyviä keinoja on esimerkiksi TRE -tärinäterapia ja Rosenterapia, kuten jo aiemmin kerroin.

Jos olet vielä kesken asioiden ymmärtämisessä, on psykoanalyysillä varmaan oma arvonsa, mutta loputtomiin asioita ei tulisi mielestäni märehtiä. On hyvä käsitellä ne mielen tasolla, mutta sitten päästää irti ja purkaa vanha energia kehosta jonkin vaikka edellä mainittujen menetelmien avulla. Tunteita on hyvä myös oppia meditoimaan.

Kun vaikea tunne tulee päälle, älä käännä sille selkää. Ota se vastaan kuin rakas lapsesi tai ystävä ja ole läsnä. Tiedosta, Ole, Koe. Näin tunne-energia muuttuu. Suru muuttuu iloksi, usko tai älä. Se on transformaation taikaa. Näin ei kuitenkaan tapahdu, jos et suostu surua kohtaamaan.

Anteeksianto on tietenkin paras ja pakollinen avain vanhoista tunnetaakoista vapautumiseen. Sinä et ole tarinasi vaan Hän, joka sen on kokenut jostain tietystä syystä. Olet paljon muuta, kuin henkilö aikajanallasi. Olet henki.

Sisäisen lapsosen kanssa kannattaa kommunikoida vaikka mitään suurta ongelmaa ei olisikaan. Keskustele lapsen kanssa meditaatiossa. Kirjoita hänelle kirje. Keskustele kirjoittaen siten, että oikea käsi kirjoittaa kysymykset, vasen käsi (alitajunta) kirjoittaa vastaukset. Voit myös tehdä sisäisen matkan ohjattuna lapsesi luokse. Näitä matkoja löytyy esim. Youtube-kanavalta varmasti monia. Tärkeintä kuitenkin on tiedostaa, miten lapsi sinussa voi. Tulet näin myös huomaamaan, miten jonkun toisen ihmisen sisäinen lapsi jakselee.

Jos vaikkapa olet työpaikan palaverissa, jossa aikuiset alkavat kiukutella ja riidellä, niin katso hyvin tarkasti. Onko kyseessä todella aikuisten riita, vai onko siellä joukko pieniä lapsia, jotka tahtovat saada huomiota ja ovat jääneet sitä vaille. Jos olet riidoissa jonkun kanssa, on hyvin terapeuttistakin ehkä nähdä lapsi hänen sisällään ja tiedostaa, että lapsi kaipaa vain rakkautta, ei muuta.

Muista nyt Itse pitää huolta omasta sisäisestä lapsestasi aikuisena. Se on SINUN velvollisuutesi nyt, ei kenenkään toisen. Olet todella ansainnut onnellisen lapsuuden, tässä ja nyt.

## MARTTYYRI

Tunnet varmasti jonkun joka valittaa lähes aina. "Miksi minulle aina käy näin... Maailma on epäoikeudenmukainen... Kaikkeni olen teidän eteenne tehnyt ja tässäkö on palkka?"

Marttyyri äiti tai isä, puoliso tai ystävä asuu meissä kaikissa ja tulee esille harvoin tai usein. Marttyyri huokailee. Kun hän on sinussa vallalla, tunnet, että mikään mitä teet ei riitä, mistään et saa kiitosta tai tarpeeksi palkkaa työstäsi.

Usein marttyyri asustaa tunnekeskuksissa, mutta varsinkin sydämessä. Uhrautumisen tunne on tällaisen sisäisen arkkityypin seurana usein. Hän tuntee, että hänen pitää uhrautua, koska muuten asiat eivät etene, tai mitään ei tapahdu kunnolla tai jos tapahtuu, ei se vastaa marttyyrin vaatimustasoa.

Tyypillisin marttyyri meissä on esillä silloin kun paasaamme lapsillemme. Emme ole heihin tyytyväisiä suhteessa odotuksiimme. Koemme, että olemme antaneet heille niin paljon ja kiittämättömyys on maailman palkka.

Myös parisuhteessa voimme antaa marttyyrille tilaa kun toteamme, että meidän pitää AINA tehdä kaikki itse tai yksin.

Mikä palauttaa marttyyrimme kaidalle tielle? Rakkaus itseämme kohtaan. Halaa itseäsi ja kerro olevasi kaiken hyvän arvoinen. Kerro, että Ansaitset kaiken hyvän, myös tuen ympäriltäsi. Ja sitoudu myös antamaan itsellesi rakkautta tekoina. Anna itsellesi aikaa. Älä anna muiden varastaa sitä aikaa, jonka olit itsellesi ajatellut ja sitten syytä heitä siitä ja kanna marttyyrin viittaa. Ota vastuu omista tunteistasi, ajastasi ja anna muiden myös kantaa oma osansa vastuusta. He eivät toimi välttämättä samoin mitä sinun mielesi oli ajatellut, mutta yleensä kun marttyyri lakkaa toimimasta vanhan mallin mukaisesti, niin myös ympäristö ja kokemukset muuttuvat.

Huomaat varmasti, että muutos chakroissa tapahtuu pysyvästi VAIN ajatusmalleja, tunnemalleja ja käytösmalleja muuttamalla. Voi olla houkuttelevaa ajatella, että käyttämällä tiettyä tuoksua, värejä tai kiteitä taikka mantroja chakrat ihmeenomaisesti avautuvat hetkessä ja muutut maan päälliseksi mestariksi tai jopa enkeliksi.

Nämä ja muut keinot voivat kyllä tukea energiakeskusten toimintaa, mutta pysyvä muutos tapahtuu aina vain ja ainoastaan siten, että SINÄ muutut. Ja sinä muutut vasta, kun tulet tietoiseksi siitä mitä nyt on.

## *NOITA*

Pieni noita, Känkkäränkkä tai joku muun niminen asustaa myös meissä kaikissa. Ehkä voisin sanoa, että miehillä noita voi olla enempi shamaani, mutta joka tapauksessa hyvin usealla asiakkaallani on ollut toisen elämän muistoja noitana roviolla kuolemisesta. Tämä kollektiivinen muisto on yllättävänkin yleinen.

Tähän liittyy varsinkin naisilla myös kiellettyä naiseutta. Noitana on poltettu heitä, joita vallitseva patriarkaalinen uskonto on pelännyt heidän seksuaali-

suutensa tai intuitiivisuutensa takia. Me kaikki tie-
dämme, kuinka pienestä asiasta ennen vanhaan noi-
dan leiman on saanut. Yrteillä parantaminen, ennus-
taminen taikka pahan silmän poistaminen on saatta-
nut antaa aihetta rovion sytyttämiseen. Monesti
myös vain se, ettei henkilön puheet olleet valtaa pi-
tävien mieleen.

Suomen Lapista tunnetaan myös monia tarinoita noi-
dista, joita tultiin käännyttämään kristinuskon toi-
mesta ja jotka lähtivät maailmasta marttyyreina. Täl-
laiset vanhat kokemukset toki voivat myös olla vai-
kuttamassa nykyisen elämän marttyyrin viitan kanta-
miseen.

Monesti olen havainnut, että henkilöllä, jolle on vai-
keaa kertoa omaa totuuttaan ääneen nykyään, on his-
toriassa elämä tai elämiä, joissa hänet on mestattu tai
häntä on kidutettu juuri sen takia, että hänen tuolloin
puhumansa totuus ei vastannut ympärillä olevien to-
tuutta, tai varsinkaan yleistä totuutta.

Inkarnaatioterapia, jossa henkilö laitetaan kokemaan
tuollaiset asiat uudelleen, turvalliselta etäisyydeltä,
voi olla suureksi avuksi vanhojen karmallisten jäl-
kien poistamisesta aurakentästä eli chakroista. Myös
se, että syvästi oivaltaa elävänsä nyt erilaisessa us-
komusmatriisissa, jossa oman totuuden kertomisesta
ei rangaista, ainakaan hengen menettämisellä, auttaa.

Menneiden (samanaikaisten) elämien tiedostaminen ja niille anteeksiantaminen on tärkeä osa paranemistamme ja liittyy oleellisesti chakrojen avautumiseen ja puhdistamiseen.

Aiemmat elämät (tai tulevat) näkyvät eniten Solar-chakraan keskittyessä. Solar on alitajunta sisältäen kaiken, mikä ei ole tietoista... Hypnoosin kautta voimme myös päästä käsiksi näihin muistoihin, mutta koen, että kun henkilö on avoin ja tahtoo kohdata alitajunnasta nousevat kuvat ja kokemukset, hän saa kyllä tiedon vaikka unien tai meditaation kautta.

Usein asiakkaani ovat kokeneet myös ns. avainhenkilön kohtaamisen. Ehkä sinäkin olet kokenut sellaista? Joku henkilö tulee vastaan tai elämääsi, ja vain muistat ja tiedät, että tunnet hänet, vaikka et välttämättä tiedä heti mistä tunnet. Tuon henkilön pelkkä läsnäoleminen aurassasi voi kääntää muistisi lukkoa ja alat tiedostaa jotakin toista elämänkokemusta ja tuon avainhenkilön osallisuutta siihen.

Joskus myös matkustaminen johonkin tiettyyn paikkaan herättää muistomme. Välttämättä ei tarvitse olla edes samalla paikalla, jossa joskus on elänyt tai saanut voimakkaita kokemuksia, vaan pelkästään tunnelmat ja maisemat, tuoksut jne voivat laukaista jälleensyntymismuistoja.

Jos sinä tätä lukevana et usko jälleensyntymiseen tai karmaan, on se ihan OK. Sinun ei tarvitse uskoa mitään, mitä luet tästä kirjasta tai muista. Avaa kuitenkin itsesi sille mahdollisuudelle, että elämä itse voi sinua opettaa. Omat kokemukset ovat suuri aarteemme, paljon arvokkaampia kuin kirjatieto tai muiden kertomat tarinat. Mutta... Kaikkea tarvitaan.

Jos sisäinen noitasi on herännyt tai heräämässä henkiin, voit kokea tarvetta parantamiseen vaikkapa luonnon tuotteita käyttäen, rummuttaen tai äänen avulla. Valkoiset noidat eivät tarvitse loitsuja, taikka yhtään mitään epämääräisiä tapoja vaikuttaa toisiin ihmisiin tai ilmiöihin. On hyvä oivaltaa, että lopulta ihmisen mieli on se taho, joka parantaa, mutta miten saada mieli ottamaan vastaan parannus? Siinä noidat ja shamaanitkin voivat olla suureksi avuksi.

Yksi muoto noidan arkkityyppiä meissä on Viisas vanhus, tietäjä tai haltija. Nämä kaikki ovat nähdäkseni oman korkeamman viisautemme ottamia muotoja.

Minä juttelen monesti chakrakartoituksen ja hoidon aikana katsottavan henkilön oppaan tai enkelin kanssa siten, että näen jonkin hahmon, eli muodon.

Joitakin kertoja olen saanut selvän viestin, että katsottava henkilö ei enää tarvitse hahmoa tai hahmon kuvaamista, vaan hän itse on suoraan oma oppaansa. Eli korkeampi itse ilmaisee näin itsensä minulle. Meillä on vain YKSI Korkeampi Itse, eli siten kun minä olen yhteydessä omaan korkeampaan Itseeni, sen kautta olen yhteydessä myös jokaisen "toisen ihmisen" Itseyteen. Sama ydin on meissä kaikissa, vaikka se näyttää elämän aallokoissa ottavan erilaisia muotoja.

Arkkityyppisiä energioita on enemmänkin. Esimerkiksi papitar tai pappi, ilotyttö, nunna tai ritari. Näissä kaikissa rooleissa olemme elämän ohjaamissa näytelmissä näytelleet. Ne ovat roolejamme, mutta me emme ole yhtä kuin roolimme. Kun oppi on otettu vastaan kustakin elämänkokemuksesta, se sulautuu olemukseemme osaksi sitä. Tämä sulautuma on sielu eli jälleensyntyvä osamme. Sielumme on olemassa, niin kauan kuin uskomme ja elämme syyn- ja seurauksenlain alaisuudessa.

Joskus tulee kuitenkin myös aika, jolloin nousemme sielu -käsitteen yläpuolelle. Emme ole mitään kaksinaista, eli "yksilöllistä", vaan olemme YKSI. Siitä, eli ei-kaksinaisuudesta, ei-dualismista, kerron kirjan lopussa, mutta sitä ennen menemme vielä esimerkkeihin siitä, miten chakrojen epätasapaino ilmenee erilaisissa tapauksissa. Nämä kuvaukset ovat koostettuja perustuen hyvin yleisiin toistuviin asiakaskohtaamisiin.

# KILTIN TYTÖN SYNDROOMA

Hyvin moni ihminen, varsinkin keski-ikäinen nainen, kantaa olemuksessaan hyvin voimakasta kiltteyden ongelmaa. Tämä on tietenkin suurelta osin kasvatuksen tulosta. Tyttöjen kasvatukseen on kautta aikain, ja kenties vielä nykyäänkin, kuulunut kiltteyden odotus ja ylistys. Kun lapsi on kiltti, hän on siis helppo, mukautuva eikä omaa vääränlaista omaa tahtoa. Lapsi haluaa miellyttää aikuisiaan. Meillä kaikilla on toki tarve tulla yhteisön, kuten perheen hyväksymäksi. Mutta vielä suurempi tarve on tulla hyväksytyksi SELLAISENA KUIN ON, eikä sellaisena miksi olettaa, että pitäisi muuttua, jotta voisi olla hyväksytty.

Liika kiltteily, kun siitä ei ole kasvettu edes aikuisena yli, aiheuttaa ongelmia ihmissuhteissa. Työpaikalla kiltti on hän, joka uupuu ensimmäisenä, sillä muut näkevät hänen otsallaan neonvärisen kyltin; "Teen kaikki muidenkin puolesta, kysy vaan... En uskalla sanoa ei". Tämä kyltti on näkymätön, mutta kaikkien nähtävissä. Auramme ovat todella yhtä. Jokainen toinen tietää kyllä alitajuisesti tai tietoisesti keneltä työyhteisössä kannattaa kysyä neuvoa, kenen tieltä kannattaa pysyä poissa ja kuka on hän, joka jää ylitöihin, vaikka se aiheuttaisi hänelle suuriakin ongelmia, vaikkapa lasten tai harrastusten osalta.

Parisuhteessa kiltteily aiheuttaa usein epätasapainoa kotitöissä tai lasten hoidossa ja voisi sanoa, että ihan kaikessa. Kiltti ihminen näyttelee roolia, joka on hänelle annettu... Mutta onko sitä todella varsinkaan aikuisena kukaan hänelle ulkopuolelta antanut, vai onko hän itse roolin itselleen ottanut, uskomusten takia, joita ei ole tullut uudelleen arvioineeksi?

Henkisen kasvun edetessä, ylikiltin ihmisen on katsottava peiliin ja kysyttävä, onko kilttinä oleminen enää tarkoituksenmukaista? Tekeekö se kiltistä onnellista, todella hyväksyttyä vai pelkästään ovimaton.

Kiltti ihminen väittää minulle chakrakartoituksessa, että hänen puolisonsa kohtelee häntä ei-arvostavasti. Samoin tekevät monesti muutkin läheiset ja työkaverit. Hän haluaisi nousta kapinaan ja sanoa suoraan mitä mieltä on hyväksikäytöstä, vaikkapa siellä työpaikalla, mutta sanat takertuvat kurkkuun eli kurkkuchakraan ja solarchakrasta ei löydy voimaa olla oman itsensä puolella. Ei löydy, ennen kuin löytyy. Kun kiltti lakkaa näyttelemästä roolia, johon hän aiemmin muut totutti, hän voi kohdata paljonkin vastarintaa ja ihmettelyä. Jotkut voivat jopa suuttua, kun hän ei enää olekaan pompoteltavissa, vaan asettaa rajat.

Sekhemkursseilla, joita opetin pitkään, aineistossa on hyvä kohta. Siinä sanotaan, että oman voiman vähättely on yhtä suurta voiman väärinkäyttöä, kuin toisten alistaminen. Itsensä vähättely on sen Jumalallisen kipinän ja läsnäolon vähättelemistä, joka meissä kaikissa On. Nöyryys ja nöyristely ovat kaksi eri asiaa, hyvin kaukana toisistaan. Itse asiassa ne taitavatkin olla toistensa vastakohdat. Aidon nöyryyden kyllä tunnistaa sellaiseksi, mutta nöyristely on egon rooli, josta on hyvä pyrkiä eroon, ettei vaan myös se marttyyrin viitta ala lipua kohti kaiken kantavia hartioita.

Kun kiltin tytön tai pojan rooli on voimissaan, ovat henkilön solarchakra ja sydän melko lailla tukossa. Kurkun ilmaisu ei tohdi toimia, sillä se saa voimansa solarin tulesta ja auringosta. Kun kiltteily loppuu, solar sisäisenä aurinkona ryhtyy loistamaan ja ikään kuin laajenee. Ihminen uskaltaa avata auransa ja OLLA oma itsensä. Jokainen "toinen"tuntee ja tietää, että muutos on tapahtunut, riippumatta onko tuo toinen ns. henkinen ihminen vai ei. Aivan jokainen on henkinen ja on HENKI, vaikka ohjelmoinnit peittäisivätkin vielä kirkkaan valon alleen. Me tiedämme ja vaistoamme todella paljon enemmän, mitä edes tulemme ajatelleeksi arjessa.

Parisuhteessa kiltti tyttö (tai poika) on alistuja, joka hissuttelee kotona, ei halua aiheuttaa kireyttä, välttelee riitasointuja ja yrittää tuntea tunteet TOISTEN PUOLESTA, joka on suuri karhunpalvelus muille. Jokaisen kuuluu itse hoitaa tonttinsa, eli tuntea omat tunteensa ja oppia niiden kautta. Voimme seistä rinnalla ja auttaa muita, mutta meidän ei kuulu elää heidän puolestaan. Kiltteily ilmenee myös turhansa huolestumisena ja huolehtimisena, joka ei ole monestikaan rakkaudesta nousevaa, vaan saa voimansa pelosta. Huolestuminen on vahva negatiivinen rukous. Sitä on hyvä pohtia, kun seuraavan kerran aikoo olla huolissaan toisesta. Siunaus auttaa aina parhaiten.

Kun kuulen asiakkaani kertovan, että hänen puolisonsa on päällepäsmäri, jonka takia kertoja ei pysty elämään omannäköistä elämää ja joka rajoittaa, alistaa tai ei hyväksy, niin mieleeni nousee kysymys: Kuka tämän näytelmän on käsikirjoittanut? Miksi kertoja kokee vielä tarvitsevansa tällaista kohtelua ja onko kertomus aina todellinen, vai mielikuvitusta eli projisointia, jossa me kaikki olemme todella taitavia.

Kukaan toinen ihminen ei voi antaa meille tilaa, voimaa ja onnea. Kukaan ei anna sinulle aikaa tai tilaa itsellesi, ellet ota sitä itse. Sinun on itse seistävä oman itsesi, rajojesi ja periaatteidesi takana. Kun SINÄ kunnioitat itseäsi, niin muutkin tekevät niin. Pian huomaat, että hekin, jotka aiemmin yrittivät kävellä ylitsesi, eivät tee niin enää, sillä sitä saa mitä tilaa ja tilauksesi on muuttunut.

Huomaathan, että jos esimerkiksi koet, että sinua kiusataan työpaikalla ja kun vaihdat työtä, pian sama jatkuu. Onko sinua kiusattu jo lapsuudessa, koulussa, ihmissuhteissa jne.? Sama teema jatkuu yleensä niin kauan, kuin kokija huomaa kysyä: Mikä yhdistää näitä tilanteita toisiinsa? Hän itse on yhdistävä tekijä. On katsottava peiliin ja lakattava ITSE kiusaamasta itseään: Sen jälkeen tulokset ovat hyvin todennäköisesti koettavissa myös maailman tasolla. Kokeile ja ylläty mitä itsesi rakastaminen (ei teoriassa, vaan todella) saa aikaan!

## EPÄILEVÄ TUOMAS TAI EMOOTIOIDEN SUO

Epäilys on egon ominaisuus. Se ei ole sitä paljon puhuttua maalaisjärkeä. Järkeä me kaikki tarvitsemme, mutta epäilystä eli egon turhaa mutkittelua mielen maisemissa emme tarvitse.

Usein asiakkaani sanoo varsinkin henkisen polun alkuvaiheessa, että hän kyllä toisaalta uskoo henkiseen todellisuuteen ja tahtoo kuulla intuition ääntä, mutta...

Ja sitten alkaa egomielen perustelut, kuinka rationaalinen ajattelu, vanha "tieteeseen perustuva" maailmankuva tai uskonnolliset opit kertovat, että voimme luottaa vain fyysisiin aistihavaintoihin tai kokemuksiin. Jos henkilöllä on voimakas uskonnollinen tausta, niin henkisyyden esteenä koetaan myös pelkoa vanhasta vihtahoususta, joka on johtamassa kulkijaa harhaan. Kaikki tällaiset esteet meidän kaikkien on itse mielestämme voitettava. Se tapahtuu kokemisen kautta. Jotta VOI saada henkisiä kokemuksia, on ensin uskallettava avautua edes hieman. Jos torjunta on ensisijainen reaktio kaikkeen, ei ole syytäkään edetä, vaan on hyvä tutkia omia pelkojaan ja uskomuksiaan.

Liika älyllisyys, kun se ei ole tasapainossa tunteen kanssa, johtaa juuri epäilevän mielen riemuvoittoon. Tämä on ehkä miehille tyypillisempää, mutta myös monet älykkäät naiset tai älykkäänä itseään pitävät ihmiset, jotka eivät ole vielä tutustuneet tunneälyn käsitteeseen, kokevat rationaalisen mielen hallitsevan niin paljon, että intuition ääni hukkuu älyn alle.

Jos taas tunnechakrat ovat valloillaan, emootiot hallitsevat eikä henkilö itse tiedosta,että emootio ei ole niin sanotusti totta, vaan tarkoittaa tunnereaktiota, ei silloinkaan olla tasapainossa. Järki ja tunne palvelevat meitä hyvin, kun me otamme vastuun omasta elämästämme, emmekä ole automaattisesti näiden puoliemme johdatettavissa.

Jos rationaalinen mielen osa sabotoi paljon intuitiivisuuttamme, se näkyy kurkkuchakrassa vaikkapa siten, että chakran pyörimissuunta voi kääntyä luonnollisesta päinvastaiseksi. Voimme tuntea palan kurkussa, kun olemme epävarmoja onko se, mitä koemme "totta" tai onko se viemässä meitä harhaan, jos uskomme siihen jne...

Palan tunne johtuu monesti huonosta tunneyhteydestä itseemme. Kurkkukeskuksen parichakra eli solar on kiinni kokonaan tai osittain. Me painamme tunteita alaspäin, alitajuntaan, jota tämä keltainen chakramme myös paljolti edustaa.

Kun emootiot taas hallitsevat liikaa, on kurkkuchakran äly, otsakeskuksen viisaus ja sydämen intuitio vielä kehitysasteella. Ihminen uskoo siekailematta elämänsä tapahtumien ja ihmisten herättämien tunteiden ja niiden TULKINTOJEN olevan absoluuttinen totuus.

Tasapainossa olevat solar- ja kurkkuchakra osoittavat, että henkilöllä on hyvä tasapaino yin- ja yang -energioiden suhteen, tunne ja järki käyvät käsikädessä JOLLOIN sydänkin voi avautua paremmin. Mitä sitten, jos ja kun olemme kohdanneet suuria pettymyksiä ihmissuhteissa ja rakkaudessa, luottamisessa?

## AVAA SYDÄMESI MULLE...

Ihmissuhteissa koetut pettymykset ovat tietenkin suurin este sydämen avoinna pitämiselle. Voi olla helppoa avautua silloin, kun ei ole vielä pettynyt, ainakaan tässä elämässä, mutta kun ihminen kohtaa epäluotettavuutta tai hylkäämisen lapsuudessa tai aikuisena, se näkyy lähes aina sydänkeskuksessa. On vaikea uskaltaa avautua rakkaudelle ja toiselle ihmiselle, ilman takaporttia.

Tämä on paradoksi, josta erittäin monet ihmiset kärsivät. Kaipaamme rakkautta, mutta emme uskalla ottaa sitä vastaan. On "turvallisempaa" elää tunneköyhää arkea ja suojata pientä sydäntä, kuin avautua ja kokea, TUNTEA tunteita.

Joskus elämme teemaa, jossa yhä uudelleen uskaltaudumme avautua ja yhä uudelleen kadumme sitä, eli meidät petetään. Voiko tätäkään toistuvaa "unta" olla ilman ihmistä, joka sitä näkee ja sen teemoja tarvitsee? Koemme pettymyksiä yleensä niin kauan, kuin osaamme itse rakastaa ja arvostaa itseämme. Tuosta kyvystä nousee myös kyky rakastaa muita. Jos koemme, että olemme itse pettäneet toisen tai toisia, voi olla vaikea uskoa, että todella ansaitsemme onnen. Voi olla, että alitajuisesti rankaisemme itse itseämme ja sama vanha raita elämämme savikiekossa toistuu ja toistuu aina vaan.

Itse asiassa kun tutkimme Elämää ja Itseämme tarkemmin, voimme huomata, että KAIKKI ongelmat elämässämme juontuvat väärään minäkuvaan ja alitajuiseen syyllisyyteen, jota me kaikki kannamme mielen syövereissä, olimmepa siitä tietoisia taikka emme. Tästä syyllisyydestä vapautumiseen ja unesta heräämiseen meitä opettavat ei-dualistiset opetukset ja Ihmeiden Oppikurssi niiden kärjessä. Kun opimme antamaan anteeksi kaiken kaikille, ja varsinkin itsellemme, on ovi vapauteen, onneen ja iloon avattu, pysyvästi.

Ihmeiden oppikurssi opettaa, että itse asissa rajat joita laitamme ihmissuhteissa itsemme ja toisen välille perustuvat pelkoon, ja nimenomaan rakkauden eli Jumalan pelkoon. Tätä on hyvä pohtia. Ego haluaa pelata pyyteellisen rakkauden peliään, mutta se ei tee meitä koskaan onnelliseksi. Vain pyyteetön rakkaus palkitsee ja vapauttaa. Ja tämä ei kuitenkaan tarkoita sitä ovimattona olemista, eli rakkaus tunnetaan mielessä ja sielussa, sydämessä, mutta se lähtee siis itsensä arvostamisesta.

Miten sitten uskaltaa avautua ottamaan rakkaus vastaan? Vain päättämällä, että nyt sen teen. En enää anna pelon johtaa, valitsen rakkauden. Se vaatii rohkeutta, mutta sitä meissä, sinussa ja minussa on!

Avaudu ottamaan vastaan kaikki se hyvä, jota Kaikkeus sinulle tarjoaa, mukaan lukien hyvät toimivat ihmissuhteet. Tiedä olevasi sen kaiken hyvän arvoinen. Koe se. Kun sinä tiedät olevasi "se oikea" itsellesi, saat kokea sitä samaa maailmassasi.

## *JOTAKIN PITÄISI PIAN TAPAHTUA...*

Ällistyttävänkin usein tapaan ihmisen, joka tulee luokseni epämääräisen tunteen takia, että "pitäisi tapahtua jotakin, mutta ei tapahdu...".

Eli ihminen kokee, että hän on suvannossa elämässään. Hän odottaa, että pian varmaan jotakin alkaa tapahtua ja kun "mitään" uutta ei tapahdu, hän on kärsimätön ja ihmettelee, missä vika.

123

Tämä näkyy erittäin selvästi napachakrassa, joka on vesielementti meissä. Vesi ei virtaa, ei olla tuossa kuuluisassa flow -tilassa. Ihminen on voinut jo pitkään odottaa muutosta työhön, ihmissuhteisiin tai useammalle elämän osa-alueelle.

Sanon yleensä aina tässä tapauksessa: "Lakkaa odottamasta. Universumi odottaa, että SINÄ päätät toimia, Sinä Itse päätät edetä. Universumi odottaa henkeään pidättäen, että otat ensimmäisen askeleen ja sitten kun se tapahtuu, niin kaikki lähtee yleensä tukemaan tuota askelta."

Sitten tulee keskustelu siitäkin, miten saada olemuksen vesi eli tunne ja luovuus tai seksuaalienergia virtaamaan. Tähän on monia keinoja. Esimerkiksi voimme positiivisesti huijata itseämme. Jos toivomme muutosta vaikkapa parisuhderintamalla, voimme laittaa tunne-energian virtaamaan eli tehdä jotakin ihan muuta kuin suoraan parisuhteisiin liittyvää. Tanssi, maalaaminen, piirtäminen, musiikki... Kaikki missä saamme itsemme tilaan, jossa "minä" on poissa. Tekijä -minuus eli ego on se kanto kaskessa, josta meidän on pyrittävä myös tässä tapauksessa eroon.

Kun saamme tunne-energian virtailemaan, niin monesti kuin varkain huomaamme pian, että kas! Uusi ihmissuhde on uinut elämän virrassa luoksemme tai jotakin muuta, sitä odotetun kaltaista tapahtuu.

Mutta se ei tapahdu, jos vain odottelemme, että jotakin tapahtuisi... Päätä ja luo, sillä Sinä Olet Luoja. Se mikä on nyt ajatuksissa, on pian maailmamme todellisuutena.

Aarrekartta on tehokas luomisen apuväline. Mutta ole tarkkana kun sitä teet, sillä ainakin oma kokemukseni on, että unelmat toteutuvat kirjaimellisesti!

## HEIKOILLA JÄILLÄ

Jos sinulla on tunne, että elämä ei kanna, olet pettynyt monesti tai menettänyt muuten perusluottamuksen elämän kantavaa voimaa kohtaan, niin koet todennäköisesti voimakasta puutetta peruschakran energiasta ja tuesta.

Tällaisessa tilassa oleva ihminen, tahtosi muutosta elämään, mutta pelko joka tässä kohtaa on turvallisuuden puuttumista, estää etenemistä. Tuntuu, kuin pitäisi kävellä heikoilla jäillä. Jokainen askel on otettava varoen?

Tässä turvan puutteessa sisäinen lapsi on yleensä hyvin heikoilla. Sinä itse voit kuitenkin olla itsellesi se turvallinen aikuinen. On hyvä pitää jalat maassa elämän valinnoissa, mutta toisaalta liika vanhaan vallitsevaan tukeutuminen ja uuden pelko on selkeä este tiellämme. Monesti elämä antaa hyvin selkeitä vinkkejä, vaikkapa heille, joiden on aika vaihtaa työpaikkaa tai opiskella aivan uusi ala. Usein pelko kuitenkin on perässämme, emmekä uskalla tehdä ratkaisua, joka aivan ilmeisesti pitäisi tehdä. Käytämme monesti myös ympäristön ihmisiä verukkeina, omille peloillemme. "Kyllähän minä, mutta kun puoliso sanoo, että en saa..." Tässä kohtaa monesti rahalla ja köyhyysajatuksilla on suuri rooli päätösten tekemisessä.

Sitten universumi tarttuu taas toimeen ja antaa potkun persuksille. Työpaikalla käydään kehityskeskusteluja, jonka seurauksena muutama henkilö laitetaan pois töistä. Sinä olet siinä mukana ja itse asiassa toivotkin sitä jo? Tällaisiin tarinoihin törmään myös usein.

Kun emme uskalla toimia, elämä auttaa ja pakottaa toimimaan kuten jo tiesimme, että pitäisi. Mutta jos haluamme välttää turhaa kärsimystä, niin olisiko parempi tehdä sydämensä mukaan jo alun pitäen, eikä odottaa, että joku "ulkoinen tapahtuma" pakottaa siihen lopulta? Näin voisi kuvitella, mutta toisaalta, onko meillä todella olemassa vapaata tahtoa? Teemmekö me tietoisina olentoina valintamme, vai olemmeko tehneet ne jo kun päätimme syntyä nykyiseen elämäämme. Tähän minulla ei ole selkeää näkemystä muutoin kuin ei-dualismin kautta jälleen.

Sen mukaan meillä on kohtalomme, mutta ei vain yhtä vaihtoehtoa siitä. Juuri armon vastaanottamisen kyvystämme riippuu, mikä "kohtalo" eli elämän suunnitelman vaihtoehto kulloinkin toteutuu. Sikäli vapaa tahto on totta myös, että aina voimme valita jokaisessa hetkessä pelon tai rakkauden.

## JUURETON JA PÄÄ PILVISSÄ

Otsikon tapaus chakrojen tasolla on mielestäni pahimpia, sillä ilman juuria ei puu voi kasvaa, eikä sen oksisto voi ulottua sinne pilviin saakka eli taivaaseen.

Joskus valittavasti on käynyt niin, että ihminen, joka mielenterveys ei alunperinkään ollut kovin hyvissä kantimissa, alkaa harjoittaa New agea ja etsiä siitä itselleen helpotusta tai erikoisia kokemuksia tai elämyksiä. Monesti ego alkaa kutoa tarinoitaan siitä, kuinka henkilö on ollut aiemmissa elämissään hyvin useakin historian tunnetuista henkilöistä ja että hänen asemansa on jopa Valkoisen Veljeskunnan korkeinta tasoa.

Mielikuvitus laukkaa villisti ja ihminen voi vilpittömästi uskoa mielensä tarinoihin, sillä ego osaa olla todella vakuuttava. Jos näitä tarinoita joku, kuten vaikkapa näkijä uskaltaa epäillä, hyökkää ego vahvasti ja kertoo, että on syytä mennä toiselle näkijälle, joka varmasti vahvistaa em. mielikuvituksen villin laukan.

Ihminen voi helposti uskoa olevansa "suuri parantaja" käytyään jonkin kurssin ja monia variaatioita on tietenkin tässäkin olemassa.

Tällaisen chakraepätasapainon omaavalle henkilölle suosittelen voimakkaasti luontoa ja nimenomaan elementtien voimaa ja luonnossa olemista läsnäolon tilassa, siten että MIELI on myös siinä missä keho on. Mieli on syytä maadoittaa.

Tähtitaivaan tuijottelu illalla voi auttaa myös asettamaan oman tärkeyden oikeisiin mittasuhteisiin. Tosiasiassahan me OLEMME kaikki mestareita ja olemme Perillä. Olemme osa Jumalaa ja siten hyvin tärkeitä, MUTTA emme ole sitä persoonan eli henkilön tasolla ja se taso on kuitenkin se, mitä me Maassa eläessämme harjoittelemme. On oman henkisen opetussuunnitelman pakenemista leijailla kuvitelmissa ottamatta sitä maalaisjärkeä käyttöön.

Jos itse olen vaikkapa henkilö, jonka on vaikea selviytyä normaalista arjesta ja ihmissuhteista, niin on todennäköistä, etten ole Valkoisen Veljeskunnan mestari tai joku muu suuri olento. Toki tässäkin voi olla poikkeuksia, mutta näin kerron omien kokemuksieni pohjalta New age -kenttää noin 40 vuotta seuranneena.

Todellisen henkisen mestarin tunnistaa kyllä joistakin piirteistä kuten huumorintaju, lempeys, rajojen asettaminen siten, etteivät muut loukkaannu siitä ja se ettei mestari käytä aikaansa muiden arvostelemiseen tai tuomitsemiseen eikä Varsinkaan itsensä korottamiseen. Jos joku guru kertoo olevansa valaistunut mestari, jota sinä et ole... Niin juokse!

Korkein henkinen opetus annetaan hiljaisuudessa, vain olemalla itse sitä mitä opettaa. Eiks vaan?

# TUPPISUU VAI MOOTTORITURPA?

Kun kuulen jonkun arvostelevan vaikkapa puolisoaan tuppisuuksi, käy kyllä helposti ilmi myös, että yleensä toinen puolisoista on ottanut hiljaisen osan itselleen ja sulkeutunut ja tasapuolisuuden nimissä? Toinen on jopa liian puhelias siten, ettei tule paljonkaan suodattaneeksi sitä mitä suustaan päästää.

Erilaisia dynamiikkoja toki on parisuhteissa, mutta jos toisen puhumattomuus ärsyttää, niin voi olla kyse myös siitä, ettet sinä anna hänelle tarpeeksi tilaa ilmaisulle. Näistä rooleista tulee helposti automaattisia. "Annetaan vaimon hoitaa puhuminen kun siltähän se sujuu..?"

On hyvä muistaa, että ihmissuhteissa me peilaamme jatkuvasti itseämme toisiin ja se mitä toisissa havaitsemme, on projisointia itsestämme. Mitä peilikuvamme meille kertovat?

Kurkkuchakran tasolla voi olla, että vetäytyvä hiljainen ihminen tahtoo olla ns. rauhassa, eikä halua ilmaista itseään niin paljon, jolloin asia lienee ihan OK. Sitten on heitä, jotka haluaisivat ilmaista itseään, mutta kokevat ettei siihen ole tilaa tai ettei heitä kuunnella tai oteta todesta. Tällöin on nähtävissä monesti solarchakran heikkoutta, kuten olen aiemmissakin luvuissa kertonut. Kun oma voima voimistuu ja virtaa esiin, tulee ilmaisuunkin voimaa, se on aivan varmaa.

Tietenkin kurkun kannalta on hyvä oppia ilmaisua myös siten, että se on sopivaa tilanteeseen ja kuulijoihin nähden. Meidän on opittava puhumaan erilaisia "kieliä" eri ihmisille, vaikka äidinkielemme olisikin ihan sama. Tämä on kapea polku kuljettavaksi siksi, että vaikka otamme kuulijat huomioon, niin se ei tarkoita, että rajoittaisimme sanomamme sisältöä tai merkitystä yleisön mukaan. Sanat ovat symbolien symboleja, eli kaukana siitä mitä niillä yritetään ilmaista. Eri ihmisillä samat sanat tarkoittavat eri asioita, siksi kuulostelu on tarpeen.

Jos sinulla on tunne, ettet saa suunvuoroa, tai ettei sinua muuten haluta ottaa todesta, niin kysy itseltäsi, tahdotko sinä itse ottaa todesta itsesi? Onko se mitä puhut omasta mielestäsi tärkeää? Kaikki lähtee aina itsestä, vaikka muuta haluaisimme uskoa.

Ja jos koet, että sinun on täytettävä tila kuin tila omalla äänelläsi, vaikka kenties näet ja koet muiden elekielestä tai jopa suoraan sanomisesta, ettei se ole oikein mukavaa kuultavaa, niin kysy itseltäsi, mikä on syy siihen, että et kestä hiljaisuutta? Onko roolisi viihdyttää muita? Olla sanaseppo, kertoa vitsejä tai jaaritella muuten niitä näitä, jotta hiljaisuudelta välttyisiin. Toki monessa kulttuurissa tunnetaan termi vaivaannuttava hiljaisuus, mutta ehkä Suomessa me emme ole tottuneet tai emme kaipaa jatkuvaa small talkkia, varsinkaan jos olemme sisäänpäin kääntyneitä persoonia.

Tässäkin siis kultainen keskitie lie se paras tie. Ei liikaa, eikä liian vähän kurkkuchakran vuodatusta. Kuuntelemisen taito on todella tärkeä osata kun ollaan tekemisissä toisten ihmisten kanssa. Se ettemme jatkuvasti luule tietävämme mitä muut tarvitsevat tai mitä heille kuuluu sanoa, vaan asetumme olemaan edes hetken hiljaa ja todella kuuntelemaan. Jokainen ihminen tahtoo tulla kuulluksi, eikö vaan? Ja puheen kautta tuleva lohdutus ei ole esimerkiksi surevalle ihmiselle lainkaan niin tärkeää, kuin vain läsnäoleminen, tilanteissa, joissa meillä ei edes ole sanoja.

Vaatii kuitenkin rohkeutta avautua vaikkapa toisen surun kohtaamiselle ja olemiselle hänen kanssaan ilman turhia fraaseja ja jonninjoutavia lauseita silloin, kun toinen kaipaa vain kohtaamisen.

## VOITKO TODISTAA SEN?

Voinko todistaa sinulle, että chakrat ovat olemassa ja todellinen osa ihmistä? En voi, enkä koe siihen tarvetta. Jokainen saa uskoa mitä haluaa, ja niin tapahtuu joka tapauksessa, joten todistelu on turhaa.

Voin kuitenkin antaa pieniä vinkkejä siihen, miten sinä itse voit asiaa tutkailla.

Chakrat tuntuvat myös fyysisessä kehossa monella tavalla. Seuraavassa muutamia esimerkkejä:

Kun tunnet peruschakrassa äkillistä keinututusta kun olet kuullut vaikkapa järkyttävän uutisen, kyse on peruschakran turvallisuuden ja juuriyhteyden hetkellisestä heikkenemisestä. Tämä vaikuttaa myös jalkoihin, jotka sijaitsevat tämän chakran alueella. Siten voit tuntea myös heikotuksen tunteen jaloissasi, jalat menevät makaroniksi. Joskus esiintyy myös huimausta näissä tapauksissa.

Jos sinun on mentävä jännittävään tapaamiseen kuten työhaastatteluun, voit tuntea tuntemuksia peruschakrassasi, mutta yleensä varsinkin vatsassa, jossa tunnekeskukset sijaitsevat. Monesti tunteet vaikuttavat myös ruoansulatukseen ja maha voi mennä kuralle. "Perhosia vatsassa" lienee tuttu sanonta ja kertoo juuri tästä asiasta.

Jos jännität hammaslääkärissä käymistä, niin tiedosta toki miltä odotushuoneessa istuminen tuntuu, siis pallean alueella.

Muistatko kun rakastuit? Sydänkeskuksesi avautui täysin, olit takki auki elämään ja tuntui ettet kävele enää maan pinnalla, vaan leijailet? Sydänkeskuksen avautumisen äkillisesti voi kokea myös vaikkapa ihanan lemmikin kanssa. Koira tai kissa vaikkapa voi avata sydämesi ja herkistyt. Sydämen avoimuus saa kyynelkanavat avautumaan liikutuksen kyyneliin ja se on eri tunne, kuin vaikkapa itkeä surusta. Tietenkin oman lapsen saaminen on sydämen pakahduttava tunne ja tila.

Kun tunnet, että sinua ei kuunnella tai ymmärretä tai sinua on kohdeltu epäoikeudenmukaisesti, saat kurkkuusi palan tunteen, joka johtuu siitä, että chakra pyörähtää pyörimään väärään suuntaa hetkellisesti. Tästähän puhuin jo aiemmassakin luvussa.

Otsakeskuksen intuition ja selvänäkemisen kyvyn aktivoituessa voit tuntea pidemmän aikaan painetta otsassa tai jopa poraamisen tunnetta. Myös muualla pään alueella voit tuntea erilaisia tuntemuksia, kun pään alueen chakrat aktivoituvat. Joskus tuntuu jopa hassua kutitusta esim. ohimoilla tai päälaella, kuin ryhmä muurahaisia kävelisi siellä, vaikka ne pysyttelevät kiltisti keossaan.

Toki kun kiihotut seksuaalisesti, tunnet sen varmasti sekä peruschakran, että napasi alueella, eikö vaan? Orgasmin hetkellä kaikki chakrat ovat hetken toiminnassa tehokkaasti ja koet autuutta, joka kuitenkin häviää hetkessä, kun energia karkaa universumiin.

Ero henkisyyden ja rakkauden nostattaman onnellisuuden tilan ja seksuaalisuuden ohimenevän onnen tilan välillä on se, että henkinen orgasmi kestää ja on lopulta ihmisen perustila eli olemisen, ilon ja autuuden tila. Kaikki mikä on maailmallista, on ohimenevää. Siksi meidän ei ole syytä etsiä pysyvää onnea maailmasta ja sen ilmiöistä vaan hengestä, josta se todella löydetään. Etsiä pysyvää pysymättömästä ei ole viisaan toimintaa. Maailma saa olla se mikä se on, eli kokemusten alusta, näyttämö, jossa kokemusten kautta sielumme jalostuu. Kärsimystä tuottaa se, että alamme odottaa väliaikaiselta pysyvää ja ajalliselta ikuista onnea.

Näiden sanojen myötä siirryn kirjan viimeisiin lukuihin, joissa käsittelemme totuutta, henkeä ja sitä mitä on, kun on Ei-Kaksi. Ei-dualismin kokemiseen olemuksessamme liittyy aina korkeimpien chakrojen aktivoituminen, joten saat lukea seuraavassa hieman kertaustakin näistä keskuksista ja niiden harmonisen toiminnan annista. Muistat varmaan, että kertaus on opintojen...

# VOISIKO ELÄMÄ SIIS TODELLA OLLA UNTA?

Shakespearen Myrsky -näytelmässä on seuraava kohta: "On meissä kuin mik´ unelmissa on. Ja unta vaan on lyhyt elämämme." Suomennos on Paavo Kajanderin. Kuitenkin alkuperäinen teksti sanoo selvästi, että me olemme kudotut itse samasta aineesta, kuin mistä unet on tehty. ("We are such stuff / As dreams are made on, and our little life / Is rounded with a sleep").

William oli valaistunut ja selvästi tiesi, mistä kirjoitti ja hän ei toki ole ainut, joka on tuonut elämän unenkaltaisuutta esiin historian eri vaiheissa. Intian Vedat ovat tietenkin vanhin teksti, joka tästä kertoo ja jos haluat lukea saman Raamatusta, niin availe teos melko alkusivuilta, jossa kerrotaan, että Adam vaipui syvään uneen... Koko loppuosassa kirjaa ei mainita, että Adam, eli ihmiskunta olisi vielä laajemmin herännyt.

Itse koen, että Ihmeiden Oppikurssi on tuotu avuksemme nimenomaan ei vain toteamaan, että unessa ollaan, vaan näyttämään tien ulos unesta. Tuo tie on anteeksianto, tuomitsemattomuus ja tätä aina ensin itseämme kohtaan, sillä se mitä näemme peilistä ja se mitä näemme toisista ihmisistä peileinämme, on saman sisällön katsomista.

Kun annamme anteeksi "muille" sen, mitä kuvittelemme heidän meille tehneen tai mitä itse koemme muille tehneemme, on kaikki anteeksi annettu. Anteeksiantaminen ja -saaminen ovat sama asia, kuten antaminen ja saaminen muutenkin ovat yksi ja sama. On vain Yksi antaja ja Yksi vastaanottaja. Tuo Yksi elää meitä jokaista, näennäisen erillistä hahmoa elämän näyttämöllä, olipa näytelmän nimi Myrsky tai Tyven.

Intian pyhät kirjat kutsuvat elämää Mahamayaksi eli suureksi harhaksi. Missä tuo uni koetaan, missä se tapahtuu? Mielessä tai sanotaanko, mielen luonnossa, erotuksena apinamielelle eli liikkuvalle yksilölliselle mielelle, joka tietenkin on suuri Mayan aikaansaaja.

Roolihahmomme elämän näytelmässä on ego -erillisyys eli se apinamieli, joka hyppii sinne tänne ajassa, mutta jota ei itse asiassa koskaan koeta nyt-hetkessä. Nyt on kuitenkin ainut todellinen hetki, jossa voimme koskaan olla.

Persoona, joka tarkoittaa naamiota kasvoillamme, on tämän unen eli näytelmämme hahmo, jonka uskomme syntyneen jana-ajan menneisyydessä, jossain tietyssä janan pisteessä, elävän pienen elämänsä ja kuolevan jossain "tulevaisuuden" pisteessä.

Missä nämä kaikki pienet pisteet sijaitsevat? Mennyt, tuleva, ja koko aikajana? Onko aikaa todella olemassa?

Kaikki tapahtuu siellä suuressa mielessä eli tiedostamisen avaruudessa, tiedostamisen meressä, tyhjyydessä. Tyhjyys ei ole vailla mitään. Sieltä mitään ei puutu, vaan päinvastoin se on kaiken lähde ja mahdollistaja. Itse tyhjyys ei kuitenkaan ole mitään mitä voisimme sanoittaa, tai jonka voisimme tehdä tutkimuksemme tai havainnointimme kohteeksi.

Sinä Itse olet tuo tyhjyys-todellisuus-avaruus. Et ole henkilöhahmo, joka elämän näyttömöillä säntäilee. Ego on kimppu uskomuksia, ajatuksia ja niihin liittyviä emootioita eli tunteita. Ego on kasa käsityksiä, uskonnon, kulttuurin ja opittujen asioiden pajunippu, hyvin löyhästi yhteen sidottu. Vain uskomisemme pitää sitä yllä ja elävänä. Kun katsomme tuota henkilöhahmoa vähän tarkemmin, mitä se on, onko se totta, mistä se syntyi ja niin edelleen, tulemme huomaamaan, ettei henkilöä, joka luulit olevasi, ole olemassa todella.

On vain se YKSI, joka elää kaikkia hahmoja, on elämä jokaisessa ja kaikessa ja tämäkään ei vielä ole ihan totta...

Ykseys sen mielen osan kanssa joka "luo maailman," on vasta yksi askel kohden heräämistä unesta nimeltä maailma. Se on muunneltua ei-dualismia, eli kyllä askel oikeaan suuntaan.

Seuraava liike, joka aina kohdistuu sisälle päin –Itseen, osoittaa, että kun vedät maailman niin sanotusti itseesi eli vedät pois projisoinnit, joita olet siihen kohdistanut, tulet tietoiseksi siitä, ettei maailma ole mitään sinusta, eli havaitsijasta erillistä. Sinä olet Se joka ON. Jumala on sinussa, Sinä olet Jumalassa. Maailma muotoineen näyttää kyllä olevan olemassa, mutta vain tietoisuutesi reuna-alueilla.

Maailma on lähtöisin sinusta, avarasta mielestäsi ja sinne se myös palaa, tyhjyyteen, olemiseen ja ei-olemiseen.

Todellisuudessa olemista ja ei-olemista ei voida mitenkään erottaa toisistaan, sillä Totuudessa eivät vertailut tai kaksinaisuudet elä.

Kun olet antanut anteeksi täysin niille heijastuksille, joita olet heijastanut toisiin ihmisiin, asioihin, paikkoihin, tapahtumiin, niin huomaat, ettei maailmaa erillisenä ole enää olemassa ja sinä Itse olet se kaikki. Siemeninen samadhi, josta kerroin aiemmin, on juuri tuo itseoivallus: "Olen kaikki, mitä on olemassa. Kaikki on minussa, minä (Itse) olen kaikessa, eikä ole mitään Itseni ulkopuolista maailmaa."

Huomaat, että kaikki on tietoisuutesi sisäpuolella. Eikä mitään sellaista kuin ulkopuoli ole tai voi olla olemassakaan. Miten sinä, joka olet tietoisuus, voisit olla tietoinen jostakin tietoisuuden ulkopuolisesta? Tai kun kaikki ON Tietoisuus, voisiko tietoisuudella olla jokin puoli, josta se, eli me emme olisi tietoisia?

Siemeninen tarkoittaa, että edelleen egon siemen on olemassa. Edelleen on mahdollisuus luisua erillisyyteen. Edelleen voi alkaa uskoa, että maailma on jotakin itsestä erillistä todellisuutta ja kokijasta riippumaton.

Ja kuitenkin kun "kehitys kehittyy," niin jossain vaiheessa nouset siemenettömän samadhin tasolle eli kundaliini nousee kruunuusi, tekee vielä käyrän kepin muotoisen reitin ja palaa sydämeen. SYDÄN pitää tilaa jatkossa yllä. Sydän on kaiken keskus.

Siemenettömän samadhin anti on se, ettei egoon samaistuminen enää onnistu. Voimme edelleen kokea vaikutelmia, mutta emme usko, että ne ovat totta. Jos egon uskomusten risunippu ei vielä täysin ole loppuun kulutettu tai purettu, voivat nämä ns. persoonallisuusaspektit nousta ja näyttäytyä ikään kuin samaistuttavina vaikutelmina, mutta kokija eli ITSE tietää, ettei niihin tarvitse samaistua.

Samaistumattomuus tuo valon, vapauden ja rauhan myös aiemmissa henkisen heräämisen vaiheissa. Voimme katsella kaikkia niitä näytöksiä, joita ego-mielen tai tietoisuuden valkokankaalla esitetään, uskomatta, että niillä kuitenkaan on mitään tosiasiallista vaikutusta meihin.

Siemenetön samadhi voidaan kokea silmät auki, eivätkä mitkään maailman muodot tai tapahtumat estä sen kokemista. Olen itse kokenut tällaisen tilan tai olemisen, jota nimitän totaaliseksi todellisuudeksi ja se on tila, jossa olet täysin ehyt, kokonainen. Ei ole mahdollisuutta mihinkään vertaamiseen, ehdonvaraisuuteen, ei hyvään taikka pahaan. Kerta kaikkiaan on vain YKSI, vailla kaksinaisen havainnoin mahdollisuutta.

Tuossa tilassa liikkuva mieli ei liiku lainkaan. Se on hiljaa, mutta tila itsessään on hyvin elävä ja todellisempi, kuin mikään koskaan aiemmin. En tiedä, voiko siinä olla tauotta eläen samalla edelleen muotojen maailmassa, eli itse en ole kokenut vielä toimintaa mahdolliseksi, mutta varmasti Korkein opastaa minua ja Sinua tässäkin asiassa jatkossa.

Joka tapauksessa tiedän, että mikään kokemus ei voi kestää ikuisesti, kun puhutaan maailmassa elävän ihmisen tietoisuudesta. Kaikki on liikkeessä, liike on laki. Mutta vaikka kokemukset virtaavat ja vaihtelevat, niin Se tai Hän, joka ne kokee, pysyy aina samana. Sinä Itse, Minä Itse, eli Yksi Itse, joka vain on, eikä muuta ole.

Monesti kun ihminen kokee voimakkaita henkisiä tiloja, hän haltioituu ja tahtoo niiden jatkuvan ikuisesti. Ihminen voi kokea suurta pettymystä, kun tila "katoaa" eli hän kokee menettäneensä sen, menettäneensä onnen tai Jumalan. Tämä ei kuitenkaan pidä paikkaansa. Ihminen ei voi koskaan menettää sitä mitä hän Itse On. Se voi kadota hetkellisesti kaikkien mielen ohjelmointien ja virvatulten taakse, samaistumisten taakse, mutta varmaa on, että Todellisuus on aina Totta ja aina Tässä ja Nyt. Vain me itse kokijoina, henkilöinä, emme ole läsnä ja sen tähden kokemuksemme on liikkuvan mielen samentama.

Kuulen monesti kerrottavan heräämisestä mitä erikoisempia tarinoita. Ja kuka on tarinanikkari meissä ihmisissä? Ego tietenkin. Uskotaan suvereenisti, että herääminen on sitä salaliittoteorioihin uskomista ja eri dimensioita tai mitä milloinkin. Mutta salaliitot ja dimensiot, kuten moni muukin asia, joka lasketaan New ageen kuuluvaksi, kuuluu maailmaan. Ja jos jotakin voidaan verrata johonkin tai voidaan laskea tai arvioida, niin eikö vain se kuulu nimenomaan dualistiseen maailmankuvaan?

Suurin este valaistumiselle taitaa olla valaistumisen etsiminen, joka tosin alussa on henkisen ilmiöiden etsimistä. Etsiä henkisiä tai energiailmiöitä on vain toinen tapa etsimiselle, joka ennen kohdistui maailmallisiin asioihin. Ego etsii aina jotakin lisää itselleen, sillä egon uskomusmaailma on puutteen maailma. Puuttuvan palasen etsiminen omaan identiteettiin vie mitä erikoisempiin seikkailuihin ja erilaisiin kokemuksiin. Etsimme onnea milloin mistäkin tajuamatta, että etsimme vain perustilaa, alkumerta, yhteyttä ja ykseyttä lähteeseemme eli Korkeimpaan.

Maailmassa etsimme täydennystä ruuasta, juomasta, seksistä, merkkituotteista, kehon koristelusta ja treenaamisesta, ihmissuhteista esimerkiksi "kaksoisliekkinä" ja monesta muusta. Näitä asioita Ihmeiden Oppikurssi kutsuu epäjumaliksi eli korvikkeiksi. Kun sitten hieman heräämme, alamme nähdä ettei maailma asioineen tuo onnea ja alamme etsiä henkisistä kokemuksista tuota kadonneeksi luulemaamme onnea, vaikka onni on aina ja jatkuvasti osa omaa itseämme ja löytyy sisältämme.

Näin ego on siis muuttunut henkiseksi egoksi ja materian sijasta etsii ilmöitä ja vaikkapa autuuden kokemuksia.

Toki tämä kaikki etsintä on osa matkaamme. Voisimmeko olla etsimättä, jos ja kun koemme, ettemme ole löytäneet? Niinpä voisin väittää, että etsintä loppuu vasta kun se itse kuluttaa itsensä loppuun. Miten se tapahtuu? Siten, että huomaamme yhä uudelleen, etteivät etsimämme asiat tuoneet sitä pysyvää onnea, alamme kääntyä sisälle päin kysymään onko etsimisen suunta oikea? Pitäisikö sittenkin kääntyä ja katsoa sisälle päin?

Kun tämä suunnan vaihto tapahtuu, niin meistä alkaa tulla löytäjiä ja alamme tulla Omaksi Itseksemme. Tähän kaikki oikeanlaiset henkiset mestaritkin meitä ohjaavat; kysymään itseltäsi Kuka Olet. Näin myös eräs minulle hyvin läheinen mestari eli Ramana Maharishi opettaa kysymään ja katsomaan tarkasti olemmeko mielen sisältö eli ajatukset, tai kehon tuntemukset tai tunteet, joita tunnekehossa tunnemme. Kun emme ole nämä ohimenevät kokemukset, mitä siis todella olemme?

Kuka sinä olet kaikkien vaihtuvien vaikutelmien taustalla?

# SUHTEELLISESTA ABSOLUUTTISEEN

Tiibetin buddhalaiset mestarit ja Bön opettajat opettavat muiden todellisten henkisten mestarien tavoin, että meillä on kaksi erilaista näkemystä elämään eli siihen maailma- nimiseen näytelmään.

Absoluuttisesti emme ole koskaan syntyneet, emmekä kuole. Emme koe mitään vaihteluita. Olemme henki, joka aina ON. Henki on tuo tausta, jota vasten voimme kokea myös vaihtelut eli suhteellisen maailman. Ilman henkeä, ei olisi mahdollista kokea edes maailmaa, mutta ilman suhteellista muotojen maailman kokemusta voidaan kokea Todellisuus eli henki. Se lienee niiden suurin ero.

Ei-dualismin ansaan voimme astua helposti, jos alamme ajatella, että mitä merkitystä millään on kun "kaikki on vain unta". Alamme ehkä jopa masentua kun huomaamme, ettei maailma, jolle annoimme niin suuren arvon, olekaan totta.

Tämä lienee väärä näkemys. Näin ainakin itse olen saanut oppia. Suhteellinen maailma kokemuksena on meille todellinen pitkään ja on turha kieltää, ettei sitä muka ole olemassa, tai että se on "vain unta tai harhaa" ellemme todella KOE niin.

Jos vakuutamme itsellemme usein, että maailmalla ei ole merkitystä ja se on harhaa, niin alamme pian uskoa, että meillä itsellämmekään ei ole arvoa ja olemme harhaa, kuvajaisia elämän meren pinnalla... Se vie nopeasti merkityksen elämältä?

Näin lienee syytä muistaa, että vaikka elämä on on unta, niin sinä joka sitä katselet, OLET TOTTA.

Toisaalta uppoaminen muotojen maailmaan eli suhteellisuuteen egon opastamana on toinen ääripää ja ei vie ainakaan onneen tai iloon saatikka todellisuuteen.

Ehkä meidän on siis pidettävä taustalla "takaraivossa" tieto siitä, keitä me olemme (eli henki) mutta samalla voimme surffailla maailman meren aalloilla ja jopa nauttia vaihtelevista kokemuksista ja tilanteista. Se on kuin katselisit elokuvaa elokuvateatterin penkissä istuen tai omalla sohvallasi mukavasti rentoutuen. Välillä voimme samaistua niin elokuvan tiimellykseen, että hetkellisesti luulemme sen olevan totta, eli unohdamme olevamme elokuvissa...mutta sitten jo piankin muistamme, kuka katsoja on ja missä hän sijaitsee.

Emme ole se Ihmeiden Oppikurssin mukaan "unen sankari," joka seikkailee näytelmissä, vaan olemme paremminkin kaikki näytelmän hahmot, sen käsikirjoittaja, ohjaaa JA ainut katsoja.

Kumpikin "taso" tai näkemys, suhteellinen ja absoluuttinen, ovat päteviä omana itsenään, mutta niitä ei tule sekoittaa toisiinsa.

Oman kokemukseni perusteella voisin sanoa, että matka heräämiseen unesta, jota mieli uneksii päivin ja öin, on pitkä ja vaihteleva matka ja matkan varrella on monia välipysäkkejä, joilla huilaamme ja hetken ehkä uskomme olevamme jos perillä. Sitten huomaamme, että matka jatkuu. Elämä on prosessi ja en tiedä, onko matkalla itse asiassa lainkaan päätepistettä.

Sen kuitenkin tiedän kokemuksesta, ettei tuo matka ole ulkoinen, vaan aina sisäinen. Me matkaamme omassa itsessämme. Matkaamme tietoisuuden sisällä. Eikä se tarkoita New agen paljon suosimaa tietoisuuskäsitettä, jossa ollaan "laajemmin tietoinen" dimensioista ja kaikesta mahdollisesta, vaan kyse on Tiedostamisesta.

Tuo kenttä tai olemisentila, on se koko Oleminen, jossa kaikki niin sanottu suhteellinen näyttää ilmenevän myös. Sinä OLET tuo tiedostamisen avaruus. Et ole koskaan ollut poissa siitä, eikä se ole ollut poissa sinusta. Voimme kutsua sitä myös alkulähteeksi tai

Jumalaksi, vaikkakin sana Jumala sisältää paljon latauksia, eri ihmisillä erilaisia.

Olemme suuren osan henkistä polkua kuin koira, joka ajaa takaa omaa häntäänsä. Emme tajua etsivämme Itseämme, niin monin eri tavoin. Kun viimein pysähdymme ja tajuamme tämän, pyöriminen oman navan ympärillä tai omaa häntää takaa-ajaen päättyy ja viimein voimme hengähtää, naurahtaa vapautuneesti ja ihmetellä, miten emme aiemmin tajunneet mikä on kupletin juoni. Se on se avoin salaisuus, joka on aina näkyvillä, mutta minkä vain harvat uskaltavat tai tahtovat nähdä; Sinä Itse olet se.

Olet se jota etsit ja olet se joka etsii itseään, Jumalaa. Ei voida erottaa kohtaa, jossa sinä loput ja Jumala alkaa, tai päinvastoin. Kaikki on tässä ja nyt. Kaikki on valmista ja uni tai elokuva on jo päättynyt. Roolivaatteet ja naamiot on jo riisuttu ja olet oikeasti kaiken aikaa Ollut Perillä.

Nyt oivallat sen ja Olet sitä, tiedostavasti ja kokonaan. Silloin on Rauha ja hiljaisuus sydämessäsi ja oivallat tulleesi takaisin kotiin, josta et koskaan lähtenytkään.

Missä sitten chakrat ja niitä yhdistävä Nadien verkosto sijaitsee? Eikö vain sekin löydy vain ja ainoastaan tietoisuudesta? Tarvitaanko siis chakrojen aktivoituminen, valokokemukset ja intuition avautuminen, jotta voisit kokea valaistumisen tai vapautumisen samsaran pyörästä, illuusioiden verkosta?

Kyllä ja ei. Näennäisesti mitään ei tarvitse tehdä. Mutta on hyvä lakata yrittämästä ja tekemästä liikaa. Antautuminen lienee monelle se suurin kompastuskivi, sillä se tarkoittaa monelle meistä luovuttamista. Nämä ovat kuitenkin kaksi aivan eri asiaa. Luovuttamiseen liittyy pettymyksen ajatus, se ettei ole tarpeeksi ja muuta vastaavaa.

Antautuminen sisältää oivalluksen siitä, että meissä ON ja me OLEMME jotakin niin paljon enemmän, kuin mitä persoonamme ja egomme väittää meidän olevan. Korkein asuttaa sinua ja minua. Siksi antautuessamme antaudumme Jumalalle Itsessä ja se tarkoittaa, että suostumme sanomaan; "Tapahtkoon Sinun tahtosi, ei minun pienen ymmärrykseni tahto." Näin pienenä olemisen nöyristelystä kasvaa todellinen nöyryys, johon egolla ei ole osaa eikä arpaa.

Tiemme vie varjoista vapauteen, se on täysin varmaa. Itsestämme riippuu, kuinka kauan haluamme vielä viettää siellä varjoisilla kujilla. Armo on aina saatavissa, tässä ja nyt, eikä koskaan missään muualla, sillä mitään muuta aikaa tai paikkaa ei todella ole olemassakaan. Mutta missä on armon vastaanottaja? Voimme siis viivyttää valaistumisen tuloa, mutta emme estää sitä kokonaan tulemasta, sillä... Se on jo tullut ja uni on jo päättynyt!

Herää ja avaa silmäsi uuteen aamuun, uudesti synty-miseen Todellisuudessa, Valossa ja Rakkaudessa, joka Sinä Itse olet. Hyväksy suuruutesi ja lakkaa menemästä egon tarinoiden taakse piiloon. Lakkaa pelkäämästä omaa Valoasi.

Olet Jumalallinen ja olet sitä Aina. Anna valosi lois-taa!

## JÄLKIVIISAUTTA

Miltä valaistuneen ihmisen aura sitten näyttää? Onko se kuin revontulet Pohjoisella taivaalla par-haimmillaan? Sateenkaari kaikkine sävyineen?

Kun chakrat asettuvat pyörimään täydellisessä tasa-painossa toinen toistensa kanssa ja kun nadit eli energiakanavat ovat avoimia, muodostuu chakrojen väreistä yksi valkokultainen energiakenttä. Eri värit ikään kuin sulautuvat toisiinsa ja koko aura on pel-kästään valoa, värähdelleen hyvin nopeilla taajuuk-silla. Tämänkin olen saanut todistaa.

Tämä teksti on kuvannut kipuamistamme chakraportailla tai kiikkumista Elämän Puun juuresta latvaan, tähystelemään korkealta avautuvia mielen maisemia. Olen pyrkinyt käyttämään arkista kieltä, sillä matkamme tapahtuu arjessa, käytännön elämässä, elämänkoulua käyden.

Tämä yli 30-vuotinen polku, jonka aikana olen tähystellyt ja tutkinut tuhansia chakrajärjestelmiä ja seurannut joidenkin henkilöiden osalta vuosikausia järjestelmien hidasta, mutta varmaa muutosta, on ollut tosi kiinnostava ja mahtava!

Monista asiakkaista on tullut läheinen tuttu, useasta ystävä. Kiitos siitä.

Tämän tekstin myötä halusin jakaa kokemuksiani tästä osasta elämäntyötäni Sinulle hyvä lukija. Toivon, että olet saanut ideoita, oivalluksia ja ehkä kannustustakin omalle henkiselle tiellesi.

Osaltani chakrojen kartoittaminen on jäänyt nyt vähemmälle ja antanut tilaa muulle toiminnalle, mutta... Minnepä sitä silmänsä laittaa. Aina kun näen loistavan aurakentän, jossa vaikkapa hehkuu ihana kultainen keltainen, niin vedän syvään henkeä. On hienoa, että heikoin lenkkikin alkaa suomalaisilla näyttää vahvistumisen merkkejä! Hyvä me!

Rakkaus sanoi minulle:
Ei ole mitään, mikä ei ole minä.
Pysy hiljaa.

Rumi

**Kirjailijan aikaisempaa tuotantoa:**

EL, 2024

Mystinen Ruusu, 2023

Seitsemän kuolemansyntiä, 2022

Valoa Päin! 2022

MAX, 2021

Kristallimatriisi, 2021

Valkoinen Kotka, 2020

Vapaaksi Mielen Matriisista, 2020

Sinä Olet Se, 2019

Noita, 2019

Näkijän Silmin, 2018

Peli Nimeltä Elämä, 2018

Pyhä Ihminen, 2017

Samsara on Nirvana, ERA, 2016

Muinaiset, ERA Tikatal, 2015

Pelosta Rakkauteen, 2014

Jumalattaren Paluu, 2013

Amenhotep, Valkoisen Lootuksen Laulu, 2013

Todellisuudesta Unimaan Kielellä, 2012

Adamonin Aika, 2010

Atlantiksen Perintö, 2009

Isäni Taivas, Äitini Maa, 2007, uudistettu painos 2014

Ra'n Mysteerit, 2005

Siunatut Sisaret, 2003

Jumalan Pojat, 2000

**Yhteystiedot:**

Marjutin kotisivut: http//www.marjutmoisala.com

http://solarelverkkokoulu.nettisivu.org/

Blogi, jossa myös henkisten matkojen kertomuksia Valon Virtaa:
https://solarel.blogspot.com/

Sähköpostiosoite: marjut.moisala@gmail.com

Facebook: https://www.facebook.com/groups/347003935890

Youtube-kanavan nimi Solarel
(Ohjattuja meditaatioita sekä muita videoita iloksesi)